소년의 마음을 가진 어른들을 위한 시리즈 1탄!

KIDULT
혹시 당신도 키덜트?
FIGURE
[피 규 어]

박재홍 지음

Kidult Series 01

JN390628

구민사

KIDULT
혹시 당신도 키덜트?
FIGURE
[피 규 어]

초판 인쇄 2017년 1월 5일
초판 발행 2017년 1월 12일

저자 박재홍

발행인 조규백

발행처 도서출판 구민사
(07299) 서울특별시 영등포구 당산로2길 12, 1004호

전화 (02) 701-7421(~2)

팩스 (02) 3273-9642

홈페이지 www.kuhminsa.co.kr

등록 제14-29호 (1980년 2월 4일)

ISBN 979-11-5813-337-5 03630

값 13,800

이 책은 구민사가 저작권자와 계약하여 발행했습니다. 본사의 서면 허락 없이는 어떠한 형태나 수단으로도 이 책의 내용을 이용할 수 없음을 알려드립니다.

Prologue

Figure
머리말

최근 들어 키덜트 시장이 빠르게 성장하고 있다.

불과 3, 4년 전만 해도 키덜트라는 단어는 거의 쓰이지 않다가 근래에 와서 하나의 문화로 자리매김하였다. 심지어 편의점에서조차 피규어를 파는 시대이니 정말 키덜트라는 문화가 우리에게 성큼 가까이 다가온 것을 피부로 느낄 수 있을 것이다. 근래에는 분당, 일산, 영등포, 부산 등 국내 곳곳에 키덜트들을 위한 일렉트로마트라는 것도 생겼으니 우리나라 키덜트 문화에도 많은 변화가 생기는 것 같다.

본래 키덜트라는 단어의 유래는 KIDS와 ADULT 이 두 단어의 합성어로, 어린이와 어른을 합친 말이다. 즉, 아이의 마음을 가진 어른을 말한다.

일본에서 판매되는 피규어 제품 중 어느 박스에는 일본어로 이런 문장이 크게 적혀있다.

少年の心を持った大人たちへ…

해석하자면 "소년의 마음을 가진 어른들을 위한…"이다.

정말 키덜트들의 마음을 가장 잘 표현한 문장이 아닐까 생각한다. 꽤 오래전부터 이런 문화가 정착된 일본이 부럽게 느껴지기도 한다.

그래서 키덜트에 많은 관심을 가지고 계신 분들이나 이미 키덜트이신 분들, 혹은 아이의 마음을 가진 순수한 어른들을 위하여 책을 쓰게 되었다. 나 또한 짧지 않은 시간동안 피규어 수집을 위해 많은 시간과 열정을 쏟아 왔고 지금도 계속 해오고 있다. 그렇게 보내는 이 시간이 너무나 즐겁고 행복하기에, 이처럼 크고 작은 즐거움을 함께 나누고 싶은 마음으로 펜을 들게 되었다.

특히 키덜트라는 단어를 떠올릴 때면 가장 먼저 생각나는 것은 피규어와 드론, 레고, RC 제품 등이 아닐까 한다. 그래서 이번 책에서는 피규어에 대해 전문적으로 다루기보다는 어떤 제품들이 있는지와 그 제품에 관한 작은 이야기들, 그리고 많은 분들이 좋아할만한 피규어들을 중점적으로 다루었다.

피규어에 관한 전문적인 지식은 부족하지만 내가 알고 있는 작은 이야기들이 키덜트에 관심 있는 분이라면 누구든지 쉽고 부담 없이 읽으실 수 있는 책으로 다가갔으면 좋겠다. 그리고 책을 전문적으로 쓰는 작가는 아니지만 피규어 관련업계에 종사하는 사람으로서, 누구보다도 키덜트의 마음을 크게 가진 사람으로서 키덜트에 관심이 있는 모든 분들과 즐거움을 함께 나누고 싶은 마음이다.

2016. 11 저자 박재홍

Contents
Figure

목차

01 고양이 스티커를 아시나요? | 6

02 원피스 피규어 그것이 알고 싶다 | 10

03 난 키덜트가 뭔지 몰라 하지만 아이언맨은 너무 좋은걸 | 27

04 로봇 넌 누구냐? | 44

05 마징가Z와 로봇태권브이 이야기 | 60

    1. 거대로봇 탑승로봇의 원조 마징가Z | 60

    2. 30~50대 세대들에게 꿈을 만들어준 한국의 로봇, 그 이름하여 로봇태권 V | 70

06 니코니코니~~ 러브라이브가 무엇이지? 그 외 미소녀 피규어들 | 74

07 드래곤볼 널 빼놓을 순 없지! | 81

08 가챠퐁? 트레이딩? 이게 뭔말이지? 피규어의 종류에 대해 | 88

09 나만의 피규어: 커스텀의 세계 | 104

    1. 나만의 피규어 도색이 정답? | 104

    2. 커스텀의 세계 | 110

10 피규어의 천국, 아키하바라 그리고 덴덴타운:
    일본에서 피규어 구입 시 알아두면 좋은 내용 | 117

이야기를 마치며 | 120

Kidult Book
Figure

피규어 이야기

01 고양이 스티커를 아시나요? | 02 원피스 피규어 그것이 알고 싶다. | 03 난 키덜트가 뭔지 몰라. 하지만 아이언맨은 너무 좋은걸 | 04 로봇 넌 누구냐? | 05 마징가Z와 로봇태권브이 이야기 | 06 니코니코니~~ 러브라이브가 무엇이지? 그 외 미소녀 피규어들 | 07 드래곤볼 널 빼놓을 순 없지! | 08 가챠퐁? 트레이딩? 이게 뭔말이지? 피규어의 종류에 대해 | 09 나만의 피규어 : 커스텀의 세계 | 10 피규어의 천국, 아키하바라 그리고 덴덴타운: 일본에서 피규어 구입 시 알아두면 좋은 내용

Kidult Book
Figure

01 고양이 스티커를 아시나요?

피규어 박스에 붙어 있는 금고양이 & 은고양이 스티커는 무슨 의미이고 어떤 차이가 있을까?

피규어를 좋아하는 사람이라면 피규어 박스에 붙어 있는 금색스티커, 은색스티커를 한번쯤은 보았을 것이다. 여기에는 아는 사람만 아는 소소한 재미가 숨어있다.

이 스티커가 붙어 있는 이유는 무엇일까? 고양이 스티커는 정품인증마크라고 생각하면 된다. 이 스티커에 색상과 숫자에 따라 재미있는 이야기가 숨어있다는 사실을 아는 사람은 극히 드물다.

지금부터 스티커의 진실을 알아보겠다.

우리가 흔히 알고 있는 원피스, 나루토, 드래곤볼과 같은 유명 애니메이션은 〈TOEI ANIMATION〉이라는 곳에 저작권 및 판권이 있다. 그래서 정품 피규어 제품들에는 거의 대부분 고양이 스티커가 붙어 있다. (참고로 위에 언급한 라이센스 외에 다른 라이센스를 가진 제품은 해당 스티커가 부착되지 않는다. 예를 들어 아이언맨, 에반게리온, 지브리 등의 다른 캐릭터 제품들에는 아예 다른 스티커가 붙어 있거나 아니면 나름의 인증마크가 있다.)

■ 원피스 피규어 박스의 왼쪽 상단을 보면 정품임을 인증해주는 고양이 스티커 사진이 보인다.

출처 | 반프레스토 제품 중에서

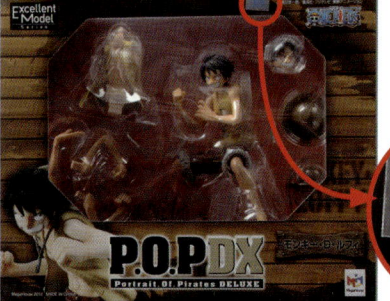

■ 위 P.O.P 피규어 제품. 사진 오른쪽 상단에도 정품 인증 고양이 스티커가 붙어 있다.

출처 | 메가하우스 제품 중에서

여기서 잠깐

고양이 스티커가 없으면 무조건 짝퉁 아니야? 라고 말하는 사람들이 많은데 무조건 짝퉁은 아니라는 것. 제품이 유통되는 과정에서 떨어져 나가는 경우가 있을 수 있고 스티커를 붙이는 작업을 아무래도 사람이 하다 보니 절차가 누락되는 경우도 가끔 있을 수 있다. 더구나 홍콩판, 아시아 한정판, 수주 한정판 등의 경우에는 스티커가 없는 경우도 적지 않다. 이 경우에는 〈BANDAI NAMCO ASIA(반다이 아시아)〉라는 스티커가 붙어 있는데, 아래의 이미지와 같이 아시아 제품에 경고문구가 있을 경우 스티커를 대신하는 것이라고 생각하면 된다.

아래 사진에서 보듯이 제품 안에 P.O.P 공식가이드북이 들어있는 경우도 있다. 여태까지 출시된 P.O.P 제품들을 사진으로 볼 수 있어서 꽤나 유용한 상품이다.

■ 수주 한정판 제품이며 스티커가 붙어 있지 않다.

출처 | 메가하우스 제품 중에서

출처 | 메가하우스 제품 중에서

■ 원피스 수주 한정판 나미 크리민 Ver에 동봉된 P.O.P 공식 가이드북 〈P.O.Ps〉

■ 원피스 수주 한정판 나미 크리민 Ver에 동봉된 P.O.P 공식 가이드북 P.O.Ps의 내용 일부

스티커가 없어도 정품과 가품을 구분하는 팁을 배웠으니 이제 고양이 스티커에 대해 알아보자. 오른쪽 사진은 우리가 많이 알고 있는 스티커의 모습이다.

좌측이 금색 스티커, 우측이 은색 스티커인데 안을 자세히 보면 고양이 그림이 그려져 있다. 보통 스티커의 색상과 고양이 그림을 붙여 금고양이, 은고양이라고 편하게 부른다. 일본에서는 뭐라고 부를지 모르겠다.

Kidult Book
Figure

아래와 같이 고양이 스티커도 여러 가지 종류가 있다.

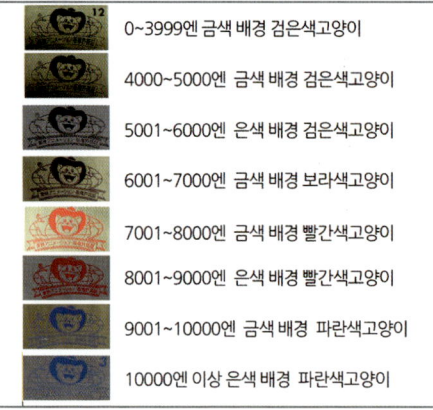

눈치 빠른 사람은 사진만 보고도 차이점을 알 수 있을 것이다. 각각 고양이의 모양에는 변함이 없지만 색이 다르다. 일본 내수용 고양이 스티커는 고양이 색상에 따라 제품의 표준소매가격(세금 포함)에 의해 스티커를 붙인다고 한다.

여기서 끝이 아니다. 4000엔 이하인 금색 배경의 검은색 고양이 스티커 제품의 경우 고양이 스티커 오른쪽 위에 1부터 24까지 숫자가 적혀있는데 이 숫자 또한 제품의 상세 표준소매가격(세금포함)과 제품 크기에 의해 가격이 달라진다. 예를 들어 금색배경 고양이 스티커사진이 붙어있고 숫자 1이 100엔이라면 숫자 30은 3000엔이 된다. 즉, 숫자가 높을수록 제품의 표준 소매가격이 높다는 걸 의미한다. 숫자가 낮아도 은색배경 푸른 고양이일 경우엔 고가의 제품이라는 것이다.

또한 왼쪽 그림에서 스티커의 왼쪽 상단을 자세히 보면 고양이 그림 좌측에 'R' 이라는 마크와 아래에 'TOEI ANIMATION 라이센스 허가'라는 문구가 적혀있는 것을 확인할 수 있다. 스티커 하나에 이렇게 재미있는 이야기가 숨어져있다니 재미있지 않은가? 피규어 한 개를 사더라도 이런 작은 정보들을 알고 산다면 쏠쏠한 재미도 느낄 수 있고 모르고 가품을 사는 일도 없을 테니 뭐든 알아두면 좋다.

여기서 잠깐

어느 날 원피스 피규어를 구매하다가 해당 스티커의 숫자를 봤는데 위에 언급한 가격과 차이가 많이 나서 이건 뭐지 하는 사람이 분명 있을 것이다. 그것은 발매 후 해당제품이 인기가 높아져 공급에 비해 수요가 많아지면서 프리미엄이 형성되어 가격이 오른 것이다. 그러니 당황하지말자. 피규어 제품은 일반적인 공산품과는 달리 인기가 많은 제품은 가격이 오르는 경우가 상당히 많다. 잘만 사면 가격이 두 배, 세 배 오르기도 한다. 혹 내가 구입한 제품 중 싫어서 판매할 경우 가격이 올라 있다면 그건 행복한 거다. 나에게는 필요 없지만 누군가에게는 간절한 제품일수 있다. 수집라인이 바뀌면 팔수도 있는 법. 그럴 땐 과감하게 정리하는 것도 좋다. 하나 팔아 다른 것을 두 개를 살 수 있으니 말이다. 피규어 수집은 이런 재미를 주기도 한다. 특히 요 근래 인기가 높은, 반다이에서 출시된 건담 메탈빌드 제품 같은 경우는 발매가가 20만 원 정도였던 제품이 출시 후 6~8개월이 채 지나지도 않아 벌써 8~10배 가까이 오른 제품도 있다. 정말 놀라울 따름이다. 이 부분에선 중간 중간 계속 조금씩 다루도록 하겠다.

출처 | 반프레스토 제품 중에서

출처 | 메가하우스 제품 중에서

Kidult Book
Figure

02 원피스 피규어 그것이 알고 싶다!!!

원피스 다들 너무 좋아하신다. 40대 후반인 나도 좋아하니 10~30대는 오죽할까? 이처럼 전 연령대에게 사랑받는 만화는 몇 안 될 것이다.

너 내 동료가 되랏!!

원피스 피규어 그것을 알려주마!!

헉! 원피스 피규어 종류 이렇게나 많았어!? 그냥 좋아서 하나하나 사모으던 원피스 피규어 이제는 알고 모으자!!

■ 정말 원피스 피규어의 종류는 굉장히 많다.(그 중 인기많은 제품군 시리즈들)

그중에서도 놀라운 것은 원피스라는 작품이 일본에서 처음 발행된 것은 1997년도이고 우리나라에서는 1999년도에 발행됐다고 하니 이처럼 오랜 기간에 걸쳐 전 연령대에게 사랑 받을 수 있는 작품은 앞으로도 쉽게 나오지 않을 것이라 생각한다. 그런데 더욱 놀라운 것은 해당 작품의 내용이 아직 반 정도밖에 스토리가 진행되지 않았다고 하니 뜨악 소리가 절로 난다. 현재까지 원피스만화가 책으로 발매된 권수는 무려 81권으로 앞으로 최하 15년은 더 연재를 한다는 것이다. 아마도 전무후무한 방영기록을 세울지 않을까 예상해본다.

수없이 나오는 등장인물마다 개성이 뚜렷하여 각각의 스토리 안에서 주인공 루피와 그의 동료들이 헤쳐 나가는 방대한 이야기 속에 피어나는 우정, 동료애, 목표, 희망, 꿈 등의 이야기들이 현시대를 살아가는 우리들에게 어떤 대리만족을 주기 때문에 우리가 이렇게 열광하는 것이 아닌가 생각한다.

필자 역시 원피스 만화와 애니를 전부 정독하면서 느낀 것이지만 40대 후반의 나이인데도 불구하고 어느 장면에서는 의협심이 불타오르며 때로는 슬픔과 감동에 눈물도 흘리는 나의 모습을 보고 깜짝 깜짝 놀랄 때도 있었다. 아마도 만화나 애니를 보는 그 시간만큼은 루피나 그의 동료처럼 드넓은 바다로 모험을 떠나는 해적이 되는 상상 속으로 빠져들어서가 아닐까.

그럼 이제 본론으로 들어가서 현실세계로 나온 원피스 피규어의 종류에 대해 알아보자!

원피스 피규어에도 사이즈별 이름이 있다는 사실을 아는가? 모든 종류를 소개하자면 대략 70여 가지가 넘을 것 같아서 추리고 추려 가장 인기 좋은 시리즈로 11가지 정도만 소개한다.

건담에 사이즈별 HG, RG, MG, PG 등이 있다면 원피스 피규어는 P.O.P, S.H.피규어츠 월드콜렉터블, 초조형혼, 스타일링, 경품피규어 등 다양한 종류로 나뉜다.

1. 월드콜렉터블 시리즈 World Collectable Series

이 시리즈를 모으는 사람들이 상당히 많다. 가격은 보통 단품이 5,000~20,000원 정도이며 일부제품들은 프리미엄이 높게 형성되어 있기도 하다.

일명 월콜이라고 부른다. 크기가 작고 귀여운데다 보통 1만 원대로 저렴하게 구할 수 있는 제품들이라 부담이 없다. 매월 새로운 시리즈별 라인이 계속 쏟아져 나오며 피규어 매장이나 길거리 뽑기 기계에서 쉽게 만날 수 있는 반가운 아이들이다. 단, 크기가 작아서인지 이 시리즈는 유난히 가품이 많으니 주의해야 한다. 꼭 고양이 스티커를 확인하자!

워낙 새로운 제품들이 많이 나오고 가격도 저렴해 구하기가 그리 어렵진 않으나 꽤 오래전에 한정판으로 나온 제품들 중에서는 가격이 상당히 오른 것도 있다. 특히 나온 지 오래된 제품군이나 인기가 많은 제품은 크기가 작은데도 매우 비싸다. 일본 피규어 업체들 대부분이 한번 발매한 제품은 재판을 하지 않는 경우가 대다수라 발매했을 때 바로 구입하지 않을 경우 구하기도 어려워지고 가격대가 올라가는 경우가 비일비재 하다. 그러니 마음에 들면 출시할 때 바로 사자.

크기는 약 7~10cm 정도이며, 몸의 비율이 3등신 정도로 얼굴이 큰 아이들이 많다.

캐릭터의 크기는 작지만 얼굴이 커서인지 표정들이 생각보다 디테일하다. 피규어를 많이 접하지 않은 사람들이 보면 깜짝 놀랄 정도이다. 왜? 크기에 비해 도색과 조형이 정말 정교하기 때문이다. 왜 사람들이 이 시리즈를 좋아하는지는 보면 바로 알 수 있다. 특히 보통 시리즈가 6~8개 세트로 나오는데 박스 이미지가 서로 연결되어 있어서 박스를 배경으로 피규어를 디피 해놓으면 새로운 분위기를 연출할 수 있다. 장식 공간이 넉넉하신 분은 한 번 시도해 보라. 아주 좋다.

■ 크기는 작아도 정말 잘 나온 제품이다.
출처 | 반프레스토 제품 중에서

■ 박스 이미지가 서로 연결돼 있어서 박스를 배경으로 피규어를 디피 해놓아도 좋다.
출처 | 반프레스토 제품 중에서

출처 | 반프레스토 제품 중에서

■ 월드콜렉터블의 매력에 빠져들면 해당 피규어 시리즈를 어느덧 하나둘씩 사 모으다가 나중에는 라인업을 구성하게 된다.

캐릭터의 크기는 작지만 얼굴이 커서인지 표정들이 생각보다 디테일하다. 피규어를 많이 접하지 않은 사람들이 보면 깜짝 놀랄 정도이다. 왜? 크기에 비해 도색과 조형이 정말 정교하기 때문이다. 사람들이 왜 이 시리즈를 좋아하는지는 보면 바로 알 수 있다. 특히 보통 시리즈가

6~8개 세트로 나오는데 박스 이미지가 서로 연결되어 있어서 박스를 배경으로 피규어를 디피 해놓으면 새로운 분위기를 연출할 수 있다. 장식 공간이 넉넉하다면 한 번 시도해 보라. 아주 좋다.

2. 스타일링 시리즈 Styling Series

원피스 피규어 종류 중 적어도 이 정도 사이즈면 좋지 않겠어? 라고 생각하는 사이즈가 스타일링 시리즈라고 할 수 있다. 보통 1~2만 원대에 구할 수 있으며 사이즈는 11~13cm 정도 된다. 작은 사이즈치고는 디테일한 편.

예전에 출시된 스타일링들은 퀄리티가 조금 떨어지지만 재판을 안 하기 때문에 인기가 있는 제품들은 프리미엄이 붙어있다.

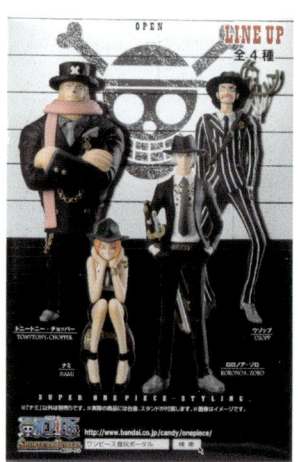 

■ 세트 단위로 판매하는 것이 대부분이고 가격은 저렴한 편이지만 퀄리티가 다소 떨어진다. 최근에 나오는 제품들은 조금 나아졌다.

■ 스타일링 크기 비교를 위해 왼쪽부터 P.O.P, DXF, DX그랜드라인, 스타일링, 월콜, 애니캐러히어로즈 순으로 배치. 왼쪽에서 4번째가 스타일링이다.

■ 박스를 뜯으면 오른쪽처럼 비닐안에 곱게 분리되어서 들어있다. 조립하면 아래 이미지 처럼 완성된 멋진 조로를 만날 수 있다.

출처 | 반다이 제품 중에서

■ 스타일링 시리즈는 거의 이렇게 세트 단위로 판매한다. 물론 단품으로 팔기도 한다.

■ 박스를 뜯으면 오른쪽처럼 비닐 안에 곱게 분리되어서 들어있다. 조립하면 아래 이미지처럼 완성된 멋진 조로를 만날 수 있다.

출처 | 반다이 제품 중에서

조립이 완성된 스타일링 시리즈 조로. 요즘 나오는 스타일링 시리즈들은 정말 품질이 많이 좋아졌다.

스타일링 시리즈 원피스 피규어 로빈. 예전에 출시된 스타일링들은 퀄리티가 조금 떨어지지만 재판을 안 하기 때문에 인기가 있는 제품들은 프리미엄이 붙어있다.

3. 피규어 아츠 제로 시리즈

피규어 아츠 제로의 가장 큰 특징은 다른 시리즈보다도 각 캐릭터별 비율이 굉장히 훌륭하다는 점이다. 더군다나 다른 피규어에는 없는 종류와 조형이 많기 때문에 테마를 정해서 한 세트를 꾸리기에도 좋다. 디오라마(만화나 영화의 한 장면을 피규어로 연출하는 것을 말한다.) 연출을 좋아하시는 분들에게 강추한다. 아니면 만화의 한 장면을 연출해서 디피 하기에도 매우 좋은 시리즈 제품군이다.

■ P.O.P시리즈의 저가형? 이라는 표현이 맞을 것이다. P.O.P시리즈 보다는 약간 저렴하고 크기도 작지만 퀄리티는 가격대비 최고다.

출처 | 반다이 제품 중에서

■ 약 4~6만 원대로 크기가 약 15~26cm 정도 되며 가격대비 퀄리티도 좋고 조형도 잘 나와서 인기 있는 제품들이다.

출처 | 반다이 제품 중에서

4. 제일복권 시리즈

사이즈는 16~23cm 정도 된다. 피규어 매장 또는 오락실 등에서 뽑기를 해서 걸리면 A상, B상, C상 이런 식으로 해당 상품을 주기도 하며 직접 뽑아 가질 수도 있다. 물론 열쇠고리, 컵, 수건, 기타 캐릭터상품 등도 많이 들어있다. 참고로 일본에는 빠징코 오락실에 가서 게임을 하고난 후 남은 코인이나 적립 포인트를 계산대에 제시하면 점수에 따라 피규어, 맥주, 장난감, 담배 등 잡다한 것들을 선택해서 가져올 수도 있으며 점수나 코인을 아껴두었다가 다음 번에 합산해서 더 좋은걸 가져 올 수도 있다.

박스에 비해 실제품은 그리 크진 않다. 그래서 제일 복권 제품은 왠지 스티커가 붙어있어도 가품 같고 크기가 커서 들고 오기도 만만치 않다. 그래서 일본 현지에서 가져올 땐 왠지 피하게 되는 제품이다. 특히 이 시리즈는 유난히 가품이 너무 많다. 해당 시리즈 제품을 우리나라에서 매장이 아닌 개인에게 구매할 땐 꼭 고양이 스티커를 확인하길 바란다. 요즘은 가품도 퀄리티가 많이 좋아져서 진품과 가품을 같이 놓고 보면 구별이 어려울 정도다. 그러니 스티커가 없으면 거래를 안 하는 게 상책이다. 필자도 한번 누군가에게 제일 복권을 샀는데 정품인줄 알았다. 그땐 스티커에 대한 상식이 없었기 때문에 감각적인 눈만 믿고 샀다가 다음날 바로 후회했다. 제일 복권의 도색과 조형은 정말 짝퉁과 정품의 차이를 알아차리기 힘들다.

팁으로 구별 방법을 소개하자면 제품을 발판에 고정시켜보거나(가품은 발판에 고정해도 왠지 금방 쓰러질 것처럼 뭔가 2% 부족하다.) 도색 상태를 꼼꼼히 비교해보는 방법, 발판 베이스를 확인하여 구분하는 방법 등이 있다.

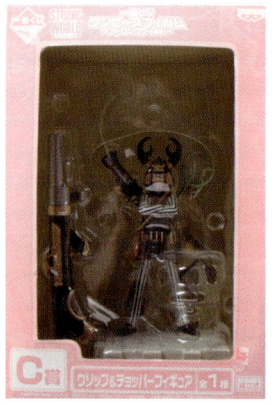

■ 제일 복권은 일본편의점 같은 곳에서 일정금액을 내고 뽑기로 뽑는 상품이다. A상부터 다양하게 있고 상품도 피규어부터 열쇠고리, 캐릭터 상품 등 매우 다양한 제품군이 있다.

출처 | 반프레스토 제품 중에서

5. 초조형혼 시리즈

낱개로도 판매하지만 전부 모아야 숨어있는 시크릿 캐릭터 제품을 완성할 수 있다. 그래서 이 시리즈는 더더욱 단품으로 파는 곳이 드물다.

원피스 피규어 종류 중 작은 사이즈에 속하며 보통 단품으로 개당 1~2만 원대에 구할 수 있다. 사이즈는 4.5~최대 13cm 정도 되며 세트 당 6~12개 정도의 피규어로 구성되어 있다. 나온 지 오래된 시리즈라 그런지 각 캐릭터에서 나오는 파츠들이 모여 완성되는 형식이다. 얼굴, 팔, 몸 등으로 나눠져 있어 간단한 조립을 진행하면 시크릿 제품이 완성된다. 몸에 비해 발바닥 면적이 작기 때문에 발에 투명 파츠를 끼어 쓰러지지 않도록 받쳐줘야 한다.

■ 초조형혼 시리즈 중 억 만 베리 이상의 수배자들편. 보통 이렇게 한 박스를 사야 전 시리즈를 모으는 것이 쉽다.

출처 | 반다이 제품 중에서

■ 총 7종 세트인데 랜덤이다. 한 박스 안에 8개가 있으며 이 중에 하나는 중복으로 들어있다.

출처 | 반다이 제품 중에서

출처 | 반다이 제품 중에서

■ 초조형혼 원피스 어인도 배틀 9종 세트. 총 8개의 작은 박스가 안에 있는데 각 캐릭터마다 추가 부속품이 있으며 부속된 부품들을 조립하면 다른 하나의 캐릭터 제품을 완성할 수 있는 시리즈다(물론 위의 억 만 베리 시리즈 같이 아닌 경우도 있다.).

억만 베리 이상 시리즈를 개봉했을 때의 피규어. 작지만 퀄리티가 매우 뛰어나다.

■ 확대 이미지

원피스 밀짚 모자 일당 격투 초조형혼 원피스 어인도 배틀 9종 세트

■ 확대 이미지

초조형혼 원피스 해군간부 시리즈

6. 조형왕 시리즈

크기는 15~20cm 정도 된다. 저렴한 편으로 퀄리티도 좋고 사이즈도 적당해서 인기가 많은 시리즈물이다. 일본에서는 매년 피규어 아티스트들을 대상으로 피규어 만들기 대회인 조형왕 TV방송 프로그램을 한다고 한다. 우승자가 되면 MSP 제작 기회와 판매 로열티를 받을 수 있고 피규어 제작사에 스카웃되기도 한다. 그래서인지 다른 제품들에 비해 역동성이 높은 것 같다. 앞으로 우리 나라도 피규어나 키덜트 산업이 발전하고 시장이 더욱 커지면 국내의 수많은 뛰어난 조형사들이 대접받는 문화가 생겨나길 기대해 본다.

■ 이 시리즈의 장점이라면 피규어의 역동적인 자세라고 할 수 있다.

출처 | 반프레스토 제품 중에서

7. 채색왕 시리즈

조형왕시리즈가 조형사들의 실력 배틀이라면, 채색왕은 도색하는 사람들의 배틀 대회다!

킹 오브 아티스트의 루피 원형을 가지고 다양한 도색 지원자들이 각자만의 스타일의 도색을 입혀서 대결을 했다고 한다. 오른쪽 사진은 어느 도색사의 첫 번째 우승 작품인 〈루피〉 가격대는 2~3만 원대이며 만화원작을 토대로 도색을 한 부분이라 취향에 따라 좋고 싫음이 아주 분명하게 갈리는 작품이라고 할 수 있다. 좋아하는 사람들은 도색별로 모으기도 한다. 필자도 처음엔 별로라고 생각했는데 시간이 지날수록 무지하게 끌린다.

■ 킹 오브 아티스트의 또 다른 버전 중 하나인 채색왕 시리즈 피규어는 만화영화에서 막 튀어나온 것처럼 색감이 살아있는 게 특징이며 가격도 싸다.

출처 | 반프레스토 제품 중에서

8. DXF 시리즈

출처 | 반프레스토 제품 중에서

제일 인기가 많은 제품군 중에 하나인 DXF 시리즈! 제일 무난하다고 할까? 안정감이 있는 피규어라서 인기가 많지 않나 싶다. 퀄리티도 괜찮아서 세트로 모으면 비주얼이 장난 아니다. 인기 캐릭터의 제품 가격들은 지금도 계속해서 오르고 있다. 반프레스토제품이라서 이것도 아마 뽑기로만 살 수 있는 듯 하나, 다행히도 국내에서는 어디서든 쉽게 구매할 수 있다. 하지만 일본처럼 피규어 뽑기를 할 수 있는 곳이 국내에도 많았으면 하는 아쉬움이 남는다.

15~20cm 크기와 정적인 자세, 규격화된 발판 크기가 특징이다. 보통 2~3만 원대이며, 프리미엄이 붙은 경우는 5~6만 원대 이상까지 나가는 제품으로 퀄리티나 크기 면에서 가성비 끝판왕인 잇템이다. 뿐만 아니라 이 시리즈는 종류가 많다는 것도 큰 특징이다. 각 주요 캐릭터들의 어린 아이들 버전인 그랜드라인 칠드런부터 그랜드라인맨, 여성캐릭터 전문인 그랜드라인 레이디, 그리고 그랜드라인 비히클까지… 종류가 수두룩하다.

원피스 피규어를 아직 모아 보지 않았다면 DXF 시리즈부터 시작해보시라. 단연코 가성비가 최고라고 단언한다.

그랜드라인 칠드런

9. MSP 시리즈

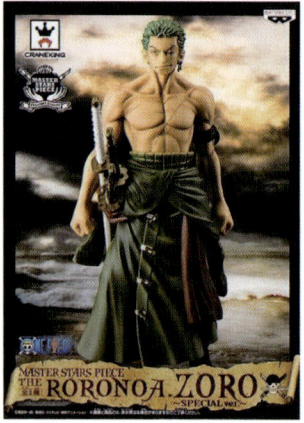
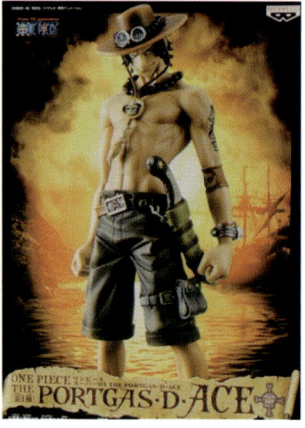

P.O.P 정도 되는 사이즈, 대략 23~26cm 정도로 다른 제품들과 비교했을 때 훌륭한 편이다. 이 제품도 가성비가 정말 뛰어나다. 고가의 P.O.P와 견주어 볼 때 크기와 퀄리티, 가격 면에서 정말 키덜트를 행복하게 해주는 제품이다. 다만 제품크기에 비해 박스가 작다고 할 수 있다. 그런데 당연한 거다. 가격이 엄청 싸지 않은가? 박스가 대수인가.

■ Master Stars Piece 라고 하며, 경품용 피규어이긴 하나 가격대비 좋은 퀄리티로 유명한 시리즈다. 다만 발매된 캐릭터의 수가 다른 시리즈에 비해선 적은 편인 게 흠이다.

출처 | 반프레스토 제품 중에서

10. P.O.P 시리즈

박스가 엄청 크며 퀄리티와 크기 면에서 지존급. 원피스 피규어의 끝판왕이라는 별명이 붙은 이유를 알 수 있다. P.O.P의 매력에 빠지면 다른 제품은 못 살 정도니. 지갑이 얇아지는 건 감수해야 하지만 그래도 보고 있으면 엄청 뿌듯하다. 이 맛에 수집하는 게 아닐까?

6~30만 원 정도로 가격대가 좀 나가지만 이 제품시리즈 역시 가품이 많은 편이다. 이 제품을 구입 시엔 조심 또 조심하자.

■ 고퀄리티로 가격대가 상당히 높지만 사보면 제 값을 한다고 느낄 것이다. 한정판이나 수주 한정판 같은 경우는 프리미엄이 붙어서 원래 가격의 2배가 넘는 경우도 많다.

출처 | 메가하우스 제품 중에서

원피스 피규어의 끝판왕이라고 불리는 25~30cm 크기의 P.O.P 시리즈

■ P.O.P MILD라고 하며 일반적인 P.O.P보다 크기가 작다. 반프레스토 그랜드 라인 칠드런 시리즈와 크기가 비슷하다.

출처 | 메가하우스 제품 중에서

11. King of Artist 시리즈

퀄리티가 매우 뛰어난 시리즈이지만 조형이 조금 낯선 느낌이 든다. 이 시리즈 역시 제품군이 적게 나왔으며 나오는 제품마다 호불호가 무지 심한 편. 가격은 3~4만 원대이며 기존의 MSP가 25cm급 저렴한 가격대의 퀄리티에서 정적인 자세를 보여줬다면, 킹오브 아티스트 시리즈는 기어세컨드 루피를 고퀄리티로 재현해 냄으로써 저가의 대형 원피스 피규어의 새로운 가능성을 보여주었다. 첫 출시 당시, 이제까지 나온 루피 중 최고의 조형이라는 찬사를 받은바 있다. 나온 지는 얼마 되지 않은 시리즈로, 첫 판매가는 2~3만 원대였고 이 제품 역시 프리미엄이 조금 붙었다. 루피를 시작으로 앞으로 저가의 대형사이즈 피규어의 새로운 장을 열 시리즈라고 할 수 있다.

그리고 요즘 굉장히 핫한 드라마틱쇼케이스 시리즈

■ 출시된 지 얼마 안 된 시리즈로 큰 크기에 비해 저렴한 가격대. 저가형 대형사이즈 피규어의 새로운 장을 열 시리즈라고 보면 된다.

출처 | 반프레스토 제품 중에서

원피스 만화장면 중 극적인 장면이나 감동적인 장면을 그대로 재현해 내서 요 근래 특히 인기가 많고 발매가 돼서 시간이 지나면 어김없이 프리미엄이 붙는 시리즈 제품 이미지내용은 루피의 동료 로빈이 해군에게 잡혀가게 되고 루피와 그의 동료들이 그녀를 구하러 떠난다.

우여곡절 끝에 그녀가 잡혀있는 해군기지까지 찾아가게 되고 그녀는 자긴 더 이상 살고싶지 않다고 죽을 거라고 자질 포기하라고 얘기하다가 결국 루피의 설득에 그녀는 울음을 터트리며 구해달라고 말한다. 정말 원피스를 좋아하시는 분이라면 잊을 수 없는 명장면이라고 할 수 있다.

이 시리즈에선 프랭키가 없는 것이 조금은 아쉬움이 남는 시리즈

■ 원피스 만화장면 중 극적인 장면이나 감동적인 장면을 그대로 재현해 내서 요 근래에 특히 인기가 많고 발매 후 시간이 지나면 어김없이 프리미엄이 붙는 시리즈

출처 | 반프레스토 제품 중에서

12. JEANS FREAK 시리즈

요즘 전국 어디에서나 원피스 피규어의 열풍을 불게 한 그 이름 원피스 피규어 JEANS FREAK를 알고 있는가?!

햄버거 가게에서 원피스 피규어를 판다?! 조금 의외의 조합 소식이었으나 뚜껑을 열어보니 엄청난 유명세를 타게 된 반프레스토의 〈JEANS FREAK〉 시리즈.

■ 패스트푸드점에서 햄버거를 사면 해당 피규어를 할인해서 판매한다. 현재 총 12종 중 11종까지 시리즈로 나왔다.

JEANS FREAK의 모티브는 일본에서 '가장 청바지가 잘 어울리는 유명인'을 뽑는 '베스트 지니스트 어워즈'에서 나왔다. '베스트 지니스트'의 투표 진행방식은 일본 내 거주자로 한하여 선정되는 후보들로 신문, 잡지 등의 기사를 통한 '엽서투표'와 온라인 모바일 투표를 거쳐서 집계 결과에 따라 상위 남녀 각 1명씩이 선정되는 대회로 명예의 전당에는 '기무라 타쿠야', '하마사키 아유미' 등이 등재되어있다고 한다. 이러한 '베스트 지니스트'의 만화버전격인 원피스 〈JEANS FREAK〉 청바지가 주인공이지만, 워낙 강한 개성으로 무장된 '원피스'의 캐릭터들인지라 많은 이목을 집중시켰다. 그 후 얼마 지나지 않아 모든 캐릭터(12종)의 피규어가 발매되었다고 한다(아직 모두 발매된 것은 아니고 순차적으로 발매중이다.).

출처 | 반프레스토 제품 중에서

현재까지는 총 11종이며 출시된 제품들은 각각 2가지의 색깔로 출시되었다.

몽키 D 루피

■ 블랙과 블루(레어 버전으로 선정된 것은 블랙 버전) 두 버전의 차이는 조형상의 차이는 없고 색깔만 다르다.

나미

■ 색상은 두 가지로 일반은 상의가 흰색이며 하의는 블루진이다. 레어 타입은 상의가 빨간색이고 하의는 검은색에 가까운 블루진으로 청바지보단 약간 가죽바지처럼 느껴지기도 한다.

니코로빈

■ 보라색 상의와 연청색 바지, 랙진에 붉은 상의, 포니테일 머리와 탱크 탑, 그리고 빨간 선글라스와 펌프스. 청바지의 주름자국과 거친 감이 그대로 살아있다.

Figure
Kidult Book

트라팔가 로우

■ 눌러쓴 모자와 후드, 구레나룻과 귀걸이의 디테일한 표현까지. 거기다 개성 있는 턱수염에 강렬한 눈빛이 그대로. 괜히 최고 인기캐릭터가 아니라는 생각이 드는 피규어다.

페로나

■ 홀로홀로 열매 능력자. 분홍색 머리에 청멜빵바지를 입고 있는 페로나. 두 가지 색상 중 흰색 티에 청멜빵바지를 입은 버전이 메인컬러다. 주머니를 가볍게 만드는 너는 누구?

롤로노아 조로

■ 밀짚모자 해적단의 넘버2이자 진중한 매력을 가진 조로. 일반버전과 스페셜버전 두 가지로 출시되었으며 녹색 티셔츠가 일반 버전. 칼이 없는 점이 조금 아쉽지만 캐주얼한 의상을 가진 조로를 만나볼 수 있는 좋은 기회

보아핸콕

■ 일본 내 진스프릭 컬렉션 여자부분 1위에 올라 출시 전부터 기대를 모았던 피규어. 검정 자켓이 일반 컬러이고 붉은 자켓이 레어 컬러. 보아핸콕의 카리스마를 살려주는 가죽 자켓 스타일로 매력이 넘치는 매료매료 열매의 소유자 보아핸콕

상디

■ 상디 특유의 회오리 눈썹과 동네 오빠 같은 매력이 좔좔 넘치는 피규어

네펠타리 비비

■ 비비의 여성스러운 매력이 폭발하는 피규어

레베카

■ 드레스로자 편에 등장하는 코리다 콜로세움 소속 여성 검투사로 일명 '무패의 여인'. 평소의 강인한 여검투사 느낌과 다르게 귀여운 느낌으로 제작되어서 색다른 느낌을 준다. 파란 점퍼를 입은 버전이 일반 버전이고 노란 점퍼를 입은 버전이 레어 버전이다.

바르톨로메오

■ 초인계 악마의 열매와 배리어 배리어 열매를 먹은 배리어 능력자. 해적단 '바르토 클럽'의 선장으로 정신 나간 루키라고 평가받으며 엄청난 현상금이 걸린 거물 해적. 사투리를 사용하며 흥분할 수록 사투리가 심해지는 매우 독특한 캐릭터

에이스

■ 아직 출시 전인 대망의 12번째 에이스 반프레스토 제품공개 이미지.
블랙진과 블루진 두 가지 버전으로 출시. 에이스의 다부진 근육과 팔뚝의 타투까지 디테일이 살아 있다.

22 | 혹시 당신도 키덜트?

그 외에 CREATOR · CREATOR 시리즈, 캐러히어로즈 시리즈, 쁘띠 시리즈, 초합금제품 시리즈, 데스크탑맥코이 시리즈 등 다양한 시리즈 제품이 있다.

이 중 마음에 드는 시리즈들을 하나씩 천천히 모아가는 것을 권장한다. 너무 빨리 수집하게 되면 돈도 돈이지만 금방 싫증날 수 있다.

■ CREATOR · CREATOR시리즈

출처 | 반프레스토 제품 중에서

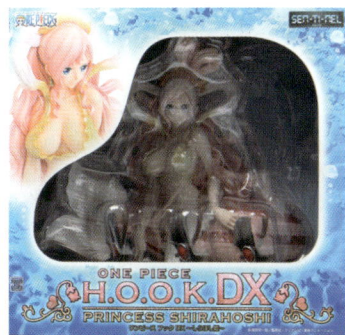

■ 센티넬에서 메가하우스 P.O.P에 대응하기 위해 나온 시리즈 제품으로 퀄리티와 가격 면에서도 P.O.P와 거의 동급이다.

출처 | 센티넬 제품 중에서

■ 캐러히어로즈 시리즈 중 트레이딩 피규어
출처 | 애니 캐러 히어로즈 제품 중에서

■ 팬손웍스의 트레이딩 피규어
출처 | 팬손웍스 캐러 히어로즈 제품 중에서

Stop! 여기서 잠깐

원피스의 주인공 루피와 그의 동료들이 타고 다니는 해적선에 대해 간단히 소개하겠다. 먼저 루피와 그의 동료들의 첫 번째 해적선인 고잉 메리호. 원피스에 등장하는 밀짚모자 일당이 처음 탑승한 배로 캐러밸급이다. 밀짚모자 해적단 구성원들은 이 배가 가라앉는 순간까지 배를 동료로 여겼고, 특히 우솝은 이 배를 끔찍이 생각했다. 우솝이 살던 섬에서 카야가 집사 메리에게 부탁하여 준비한 배이기도 하다. 메리가 직접 설계 · 제작했으나 여행을 다닐 때 타려고 만든 배여서 해적선으로는 다소 부족한 면이 많았다. 따라서 원거리 항해에는 무리가 따랐고, 전함도 아니어서 자체 무장도 대포 3문뿐이다. 뱃머리의 양머리 선수상이 특징으로 워터 세븐편 전까지 밀짚모자 해적단을 태우고 다녔다.

■ 반다이에서 초합금으로 만들어 출시한 원피스 고잉메리호. 합금제품이라 매우 묵직하다.

고잉 메리호 안녕~

밀짚모자 해적단과 기나긴 여행을 함께 했던 고잉 메리호는 마지막 힘을 다해 에니에스 로비에 고립된 모든 루피와 그의 동료들을 구해낸다. 하지만 워터 세븐으로 돌아가는 길에 그만 선체가 둘로 갈라지는 돌이킬 수 없는 사고를 당하게 된다. 고잉 메리호를 살릴 수 없음을 깨달은 동료들은 결국 고잉 메리호를 바다에 떠나보내게 된다. 그때 갑자기 사랑 받는 배에만 깃든다는 요정이 고잉 메리호에도 살고 있었기에 메리호는 같이 했던 동료들에게 이 말을 남기며 떠나게 된다.

"지금까지 소중하게 대해줘서 정말 고마워. 나는 정말로 행복했어…."

■ 원피스 만화영화 중 한 장면

출처 | 원피스 만화영화 한장면

■ 원피스 만화영화의 한 장면

출처 | 원피스 만화영화 한장면

프랑키가 보물 아담 나무로 만든 해적선으로 튼튼하며 앞에는 라이온이 달려있다. 원피스에 등장하는 고잉 메리호에 이은 밀짚모자 일당의 두 번째 기함으로, 최고의 조선공들이 최고의 설계에 따라 최고의 재료를 사용해 만들어낸 최고의 배이다. 하지만 고작 사흘 만에 후다닥 날림공사로 만든 배이기도 하다. 이전 배인 고잉 메리 호에 비해 두 배 정도 커지고 기능도 많이 추가 되었다. 여전히 소형 축에 들긴 하지만 돛대 둘, 가로돛 둘에 개프 세일을 단 브리건틴 슬루프 선으로 외륜이나 꾸드 버스트 등의 기관을 이용해 항해하는 것이 가능하다. 배에 쓰이는 연료가 설계자의 취향에 따라 콜라라는 것이 함정. 프랑키의 꿈의 배로 외견과 내부구조 모두 설계자의 정신세계가 반영된 듯 매우 독특하며 사자머리 비크 헤드의 임팩트가 커서 그런지 전혀 해적선으로 보이지 않는다. 명명자는 아이스버그. 천의 바다를 태양처럼 밝게 헤쳐 나가는 배라는 뜻으로 지어준 이름이라고 한다. 설계자는 프랑키, 제작은 프랑키와 아이스버그 갈레라 컴퍼니 1번 도크 직공들, 그러니까 다섯 명이서 만든 배이며 그중에서도 프랑키와 아이스버그가 대부분을 제작했다. 딱히 제작 파트가 나뉜 건 아니었고 그냥 제작하다보니 이 둘이 너무 먼치킨이라는 갈레라의 직공들이 따라가질 못한 것이다.

재료로 쓴 나무는 경이적인 강도를 지닌 보배로운 나무 '아담'으로 이 나무를 마련하는 데만 2억 베리가 들었다. 물론 들인 돈이 전혀 아깝지 않을 정도로 수많은 활약을 해냈기에 가히 최고의 배라 할 만하다.

■ 트레이딩 피규어로 나온 해적선 싸우전드써니호 시리즈

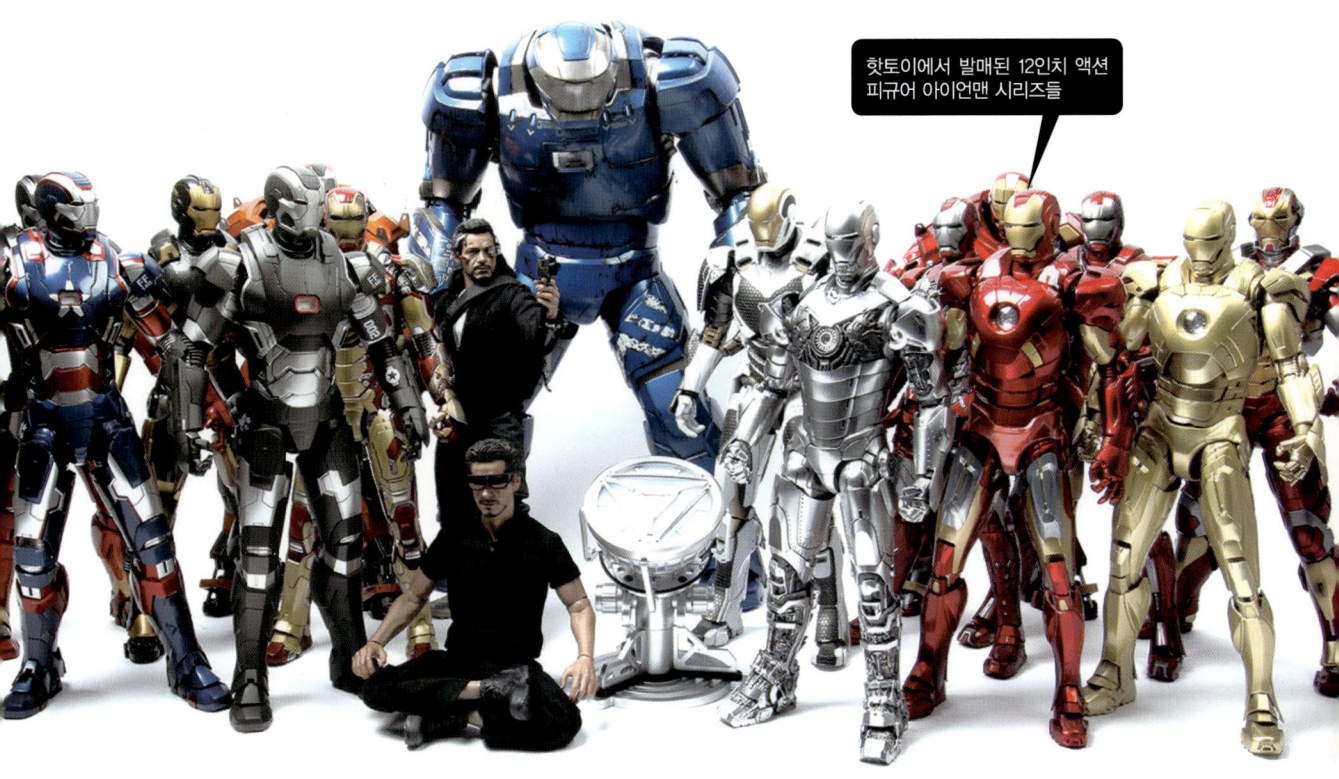

핫토이에서 발매된 12인치 액션 피규어 아이언맨 시리즈들

Kidult Book
Figure

03 난 키덜트가 뭔지 몰라!!!
하지만 아이언맨은 너무 좋은 걸

마블 코믹스에서 가장 핫한 캐릭터인 아이언맨! 매 시리즈마다 다양한 모습으로 눈길을 끄는 슈트들이 등장한다. 로다주도 탐나서 슈트를 입고가다 너무 무거워서 스태프한테 붙잡혔다는 후문이 있을 정도로 정말 탐나고 멋지다. 참고로 아이언맨은 국내시장에서 역대 히어로 영화 중 가장 많은 관객을 동원한 영화다. 그도 그럴 것이 스토리 컴퓨터CG 등 여러 가지 요소가 있겠지만 많은 이들이 아이언맨을 좋아하는 이유는 아마도 누구라도 저 슈트를 입으면 자신도 히어로가 될 수 있다는 생각을 들게 해서가 아닐까 싶다. 그래서 피규어 메이커 중에서도 특히 국내 키덜트들이 좋아하는 핫토이사와 사이드쇼 등에서 나온 제품들로 슈트를 소개해보겠다. 영화의 내용과 슈트의 기능들은 이미 많은 사람들이 잘 알고 있기 때문에 슈트에 대한 자세한 설명 보다는 해당 슈트들이 출시된 피규어 제품들을 위주로 소개하고자 한다.

■ 핫토이 토니스타크 12인치 액션 피규어 시리즈들. 요즘 나오는 제품들은 얼굴을 확대해서 봐도 사람과 구별하기 힘들 정도로 리얼하다.

출처 | 핫토이 제품소개 이미지중에서

핫토이에서 발매된 마크1

■ 핫토이에서 발매된 12인치 액션 피규어 토니스타크

■ 핫토이에서 발매된 12인치 액션 피규어 마크1, 마크2, 마크3

출처 | 핫토이 제품소개 이미지중에서

1. 아이언맨 1

영화 아이언맨 1편에 처음으로 등장한 슈트들이다! 초반에 동굴에서 악당들로부터 탈출하기 위해 급조된 Mark.1을 먼저 살펴보자.

재료와 설비가 한정되어 있던 탓에 다소 엉성한 모습이지만 모두 수작업으로 단 두 달 만에 제작되었다는 점을 보면 토니 스타크가 정말 천재라는 것을 보여주는 슈트라고 할 수 있겠다. 대게 날렵한 이미지인 다른 아이언맨 슈트들과는 반대되는 묵직함이 매력 포인트이다. (촬영 당시 알루미늄 재질인데도 58kg 이었다고 한다.)

다음으로 등장한 Mark.2! 이제야 눈에 좀 익숙해 보이는 형태의 슈트가 등장했다. 매끄러운 외형과 추가된 기능들로 한층 업그레이드 된 모습이며 발쪽에만 있던 추진 장치가 양 손바닥에 추가되었고, 인공지능 자비스가 등장하면서 토니 스타크를 보조한다. 정말 하나쯤 갖고 싶은 장비이다. 나중에 제임스 로드 중령이 토니와 대결할 때 입고 나온 슈트이기도 하다.

출처 | 핫토이 마크1 제품소개 이미지중에서

■ 사진에서 보는 바와 같이 정말 디테일하고 리얼하다. 실제로 보면 더욱 놀랍다.

다음은 Mark.3

인공위성에 사용되는 골드 티타늄 합금을 사용하여 만들었다고 한다. 원래는 금색이었지만, 너무 눈에 띄는 탓에 토니는 빨간색과 금색을 배분하여 도색을 다시 했다. 전투 후에 손상된 슈트를 탈의하는 게 힘들었던 그는 이후에 나오는 슈트부터는 탈착이 용이하게 제작한다.

영화에서는 등장하지 않는 Mark.3 스텔스 모드 버전이 핫토이에서 12인치 제품으로 출시되었다.

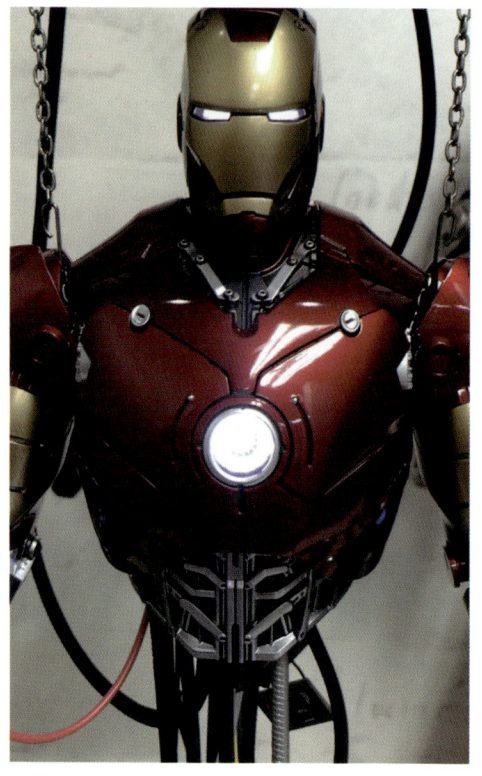

■ 핫토이 마크3 다이캐스트 리뉴얼 버전 박스 내부

■ 핫토이 제품 마크3 컨스트럭션 버전

■ 핫토이 마크3 다이캐스트 제품

■ 핫토이 마크3 다이캐스트 제품

■ 핫토이 제품 마크3 컨스트럭션 버전

■ 핫토이에서 발매된 다이캐스트 마크3 스텔스모드 버전. 소재가 다이캐스트라 매우 묵직하다.

핫토이 제품중 마크4와 겐트리 셋트 제품

2. 아이언맨 2

아이언맨2에서도 1편과 마찬가지로 세 가지의 슈트가 등장한다. 토니가 도넛을 사 먹으러 갈 때와 제임스 로드 중령과 싸울 때, 생일파티에서 술병과 수박을 터트렸을 때 입은 슈트들이 있는데 그 중 토니 스타크가 도넛을 사 먹으러 갈 때 착용한 Mark.4를 먼저 보겠다.

마크4는 여러 제조사에서 발매된 제품들이 많이 있겠지만 그 중에서도 많은 키덜트들이 좋아하는 제품은 위 사진에서 보듯이 핫토이에서 발매된 마크4&겐트리 합본 세트가 가장 유명하다. 해당 제품은 합본이 출시가가 50만 원대였는데 지금은 두 배가 훨씬 넘었으며 해당 매물은 중고 거래에서도 구하기 힘든 제품이 되었다. 심지어 일본 내에서도 귀하신 제품이 되었다.

다음은 Mark.5 슈트케이스

평소에는 가방이었다가 가방을 열고 손을 끼우면 전신에 장착되는 슈트. 영화에서 슈트를 착용하는 장면이 매우 아주 인상적이었다. 저런 가방 하나쯤 들고 다니면 간지가 장난 아닐 텐데… 마크6는 기존의 아크 리액터가 토니 스타크의 건강에 위협이 되자, 하워드 스타크가 남긴 연구 결과를 통해 새로운 물질을 개발하여 팔라듐을 대체한 신형 아크 리액터를 장착한 슈트다. 이 슈트가 영화에서 토니가 걸어가면 자동으로 벗겨지던 그 슈트다.

슈트가 점점 발전해간다. 역시 과학은 항상 발전한다.

■ 아이언맨 마크4~6   출처 : 핫토이 제품소개 이미지중에서

■ Mark.5 슈트케이스   ■ 사이드쇼 마크6 흉상 스태츄
■ 제품에 동봉된 데미지 파츠로 교환한 핫토이 마크5 제품

3. 어벤져스1

가슴문양이 삼각형에서 다시 원형으로 되돌아왔으며, 토니가 양 손목에 팔찌를 착용하고 자비스를 호출하면 토니가 있는 장소로 날아와 자동으로 장착된다. 토니가 마크7을 착용하는 장면은 명장면 중의 하나로 꼽힌다. 마크7은 슈퍼알로이 골드 에디션으로, 핫토이에서 스텔스 버전으로도 출시가 되었다.

■ 마크7

출처 | 핫토이 제품소개 이미지중에서

■ 슈퍼알로이 마크7 골드 에디션과 핫토이마크7 스텔스 버전 비교사진

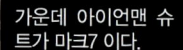

가운데 아이언맨 슈트가 마크7 이다.

■ 어벤져스에 출연한 헐크, 핫토이 발매제품

■ 핫토이에서 출시된 어벤져스 마리아 힐

■ 헐크 확대사진. 표정이 살아있는 헐크를 찍은 것 같다. 특히 입안을 보면 퀄리티가 매우 뛰어나다는 걸 알 수 있다. 참고로 핫토이사에서 근무하는 조형사들 중에 실력자들은 한국인이 꽤 많다고 한다. 역시 한국인은 다방면에 뛰어난 재주를 가진 민족이지 않나 싶다.

■ 핫토이 12인치 블랙위도우

■ 핫토이 12인치 액션 피규어 제품 〈캡틴 아메리카〉

■ 천둥의 신 〈토르〉. 개인적으로 이 제품은 정말 배우와 너무 똑같다. 자다 일어나서 문득 보면 깜짝 놀랄 정도로 잘 만들어졌다.

■ 천둥의 신 토르의 동생 〈로키〉

■ 악당 치타우리 장군

■ 치타우리 발 부분 확대 사진

피규어 이야기 | 33

4. 아이언맨3

아이언맨3에 나온 슈트들이다. 정말 많은 슈트들이 나와서 입이 딱 벌어질 정도. 영화에서 등장한 슈트들이 제품으로 다 나오는 거 아니냐고 키덜트들 사이에서 말들이 많았다. 역시 피규어 제조사들은 기대를 저버리지 않는다. 거의 다 출시되었으니 말이다. 키덜트들의 주머니가 가벼워지는 소리가 들리는 건 기분 탓일까?

역시나 3편에서도 장착의 편리성이 돋보였다. 토니가 걸어가기만 해도 자동장착 된다. 시리즈가 나올 때마다 기술이 발전하니 추후 차기작은 또 어떻게 진화될지 지켜보는 것도 이 영화의 매력이라고 할 수 있겠다.

그럼 간단히 슈트들을 한번 보겠다. 출처 | 핫토이 제품소개 이미지중에서

Mark.9
Mark.7의 개량형

Mark.15
극중에서 Mark.42를 폭파시킨 후 뛰어내리면서 착용한 슈트

Mark.17
예고편에서 Mk.39와 함께 선두에 선 기체

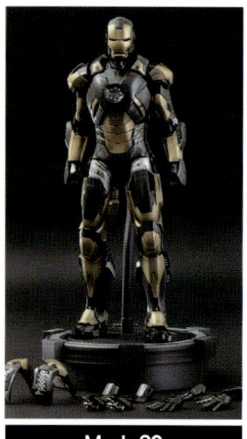
Mark.20
장거리 비행용 슈트

Mark.21
초고도 비행용 슈트

Mark.22
다리 부분의 불꽃 문양이 특징인 슈트

Mark.24
하트브레이커의 개량형

Mark.25
극단적인 환경에서 능력을 발휘할 수 있는 슈트

Mark.26	Mark.30	Mark.33	Mark.36
스트라이커의 개량형	실버 센추리온 슈트를 파란색으로 칠한 버전	강화 에너지 슈트	폭동 진압용 슈트

Mark.37	Mark.38	Mark.39	Mark.40
심해 잠수용 슈트	헤비 리프팅 슈트	준궤도용 슈트 스타부스트	초고속 슈트

Mark.41	Mark.42
스켈레톤 슈트	자율 추진 장착 슈트

휴… 엄청나다!!

이 많은 슈트들을 모두 소개하고 싶지만 이 중 몇 가지만 콕 찍어서 소개하겠다.

출처 | 핫토이 제품소개 이미지중에서

Mark.17 하트브레이커

예고편에서 Mk.39와 함께 선두에 선 기체로 극 중에서 레드 스내퍼, 이고르와 함께 이름을 부른 슈트 중 하나인 하트브레이커! 영화에서 만다린 세력과의 결전을 시작할 때 아이언맨 군단의 선두로 온 그 슈트. 가슴의 RT가 상당히 커서 강력한 유니 빔을 발사할 수 있다고 한다! 영화를 볼 때 이런 슈트들의 디자인과 성능을 살펴보는 것도 상당히 꿀잼이다.

Mark.22 핫로드

■ 마크17 하트브레이커. 육중한 고릴라처럼 보인다.

다리에 화려한 불꽃 문양이 있는 독특한 디자인의 슈트다. 워 머신 Mark2의 프로토타입 버전이며, 등에 부착된 무기와 색을 제외하면 워 머신 Mark.2와 거의 같다고 할 수 있다. 마크22 역시 핫토이에서 출시가 됐다.

■ 마크22 핫로드 다이캐스트 제품

■ 마크22 핫로드. 다리의 문양이 굉장히 독특하다.

■ 마크22 핫로드 뒷태. 남자는 등으로 말한다.

Mk.38 이고르

두둥! 묵직~한 느낌의 Mk.38 이고르! 외형 때문에 많은 사람들이 헐크버스터로 오인한다. 표준 사이즈의 아머가 감당할 수 없는 작업들을 수행하기 위해 만들어졌으며, 최종 결전 장면에서 폭발로 인해 토니와 로드가 서 있던 구조물이 무너지려 하자 토니의 호출을 듣고 나와서 구조물을 지탱하는 역할을 했다. 이고르 역시 제품으로 출시가 되었다.

■ 핫토이 Mk.38 이고르! 무지막지한 크기와 존재감이 전시효과로 최고다!

Mark.42

자 드디어 나왔다!!! 우리에게 가장 친근한(?) 국민슈트라고 할 수 있는 Mark.42!

아이언맨3의 간판 슈트라고도 할 수 있는 마크42는 불안 증세에 시달리고 있던 토니가 만든 실험용 슈트다.

마크42는 핫토이, S.H.피규어아츠, 리볼텍, 피그마, 슈퍼알로이, 넨도로이드까지 다양하게 피규어로 출시가 되었다. 그럴 수밖에 없는 것이 아이언맨 그 자체로 이미 대중성이 다분한 캐릭터이기에 피규어 제조사라면 누구나 안 만들 수가 없는 효자 상품인 것. 그중에서도 특히 마크42의 인기는 압도적이다.

5. 어벤져스 : 에이지 오브 울트론

다음은 어벤져스2로 넘어가보자. 어벤져스 : 에이지 오브 울트론에서의 슈트다.

Mark.42와 외형은 동일하지만 색이 반대로 배색되어 있는 Mark.43과 MCU의 헐크버스터인 Mark.44, 베로니카와 인간의 근골격계를 연상시켜 색다른 인상을 남겨준 Mark.45, 그리고 토니가 뉴욕 사건 이후 아이언맨과 워 머신만으로는 힘들다고 생각하여 제작한 슈트인 아이언 리전 등이 있다.

■ 핫토이에서 발매예정인 헐크버스터

출처 | 핫토이 제품소개 이미지중에서

출처 | 핫토이 제품소개 이미지중에서

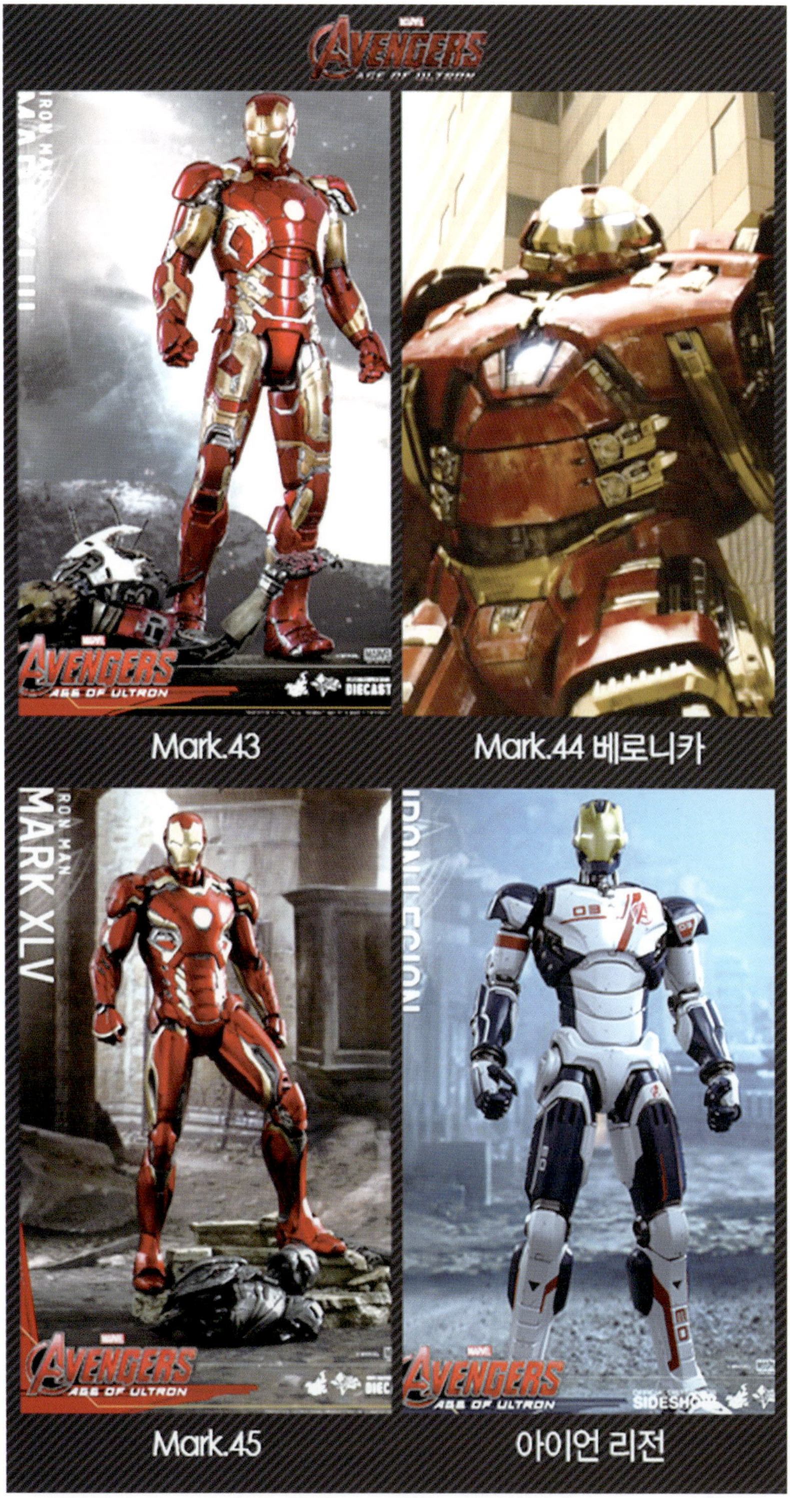

- Mark.43
- Mark.44 베로니카
- Mark.45
- 아이언 리전

■ 핫토이에서 출시된 어벤저스2편에 나오는 다양한 아이언맨 슈트들. 그중 헐크버스터가 가장 돋보인다.

출처 | 핫토이 제품소개 이미지중에서

6. 캡틴 아메리카: 시빌 워

시빌 워에서는 어떤 슈트가 나올지 정말 기대가 됐었다. 2015년 11월 말에 공개된 예고편에서 Mark.46의 마스크가 분해되어 슈트 안으로 접혀 들어가는 기능을 보여주고 새로 공개된 PV에서는 손목시계가 장갑으로 바뀌는 장면을 보여주기도 했었다! 그리고 마크46 또한 2016년 6월에 S.H. 피규어아츠에서도 발매 될 예정이라고 한다.

■ 핫토이에서 출시 예정인 마크46

■ 그 외 핫토이에서 출시된 다양한 아이언맨 슈트들

■ 워머신

출처 | 핫토이 제품소개 이미지중에서

■ 핫토이 레드스내퍼

■ 핫토이 패트리어트 워머신

■ 핫토이에서 출시된 한정판 아이언맨 마크20 파이톤

■ 핫토이 1000체 한정판 마크24 탱크

■ 핫토이에서 출시된 한정판 아이언맨 마크7 스텔스모드

그 외 핫토이에서 출시된 다양한 아이언맨 슈트들

Kidult Book
Figure

04 로봇 넌 누구냐?

로봇제품을 사고는 싶은데 건프라는 뭐고 초합금은 뭘까 궁금하셨던 분들, 이게 이거고 저게 저건가 싶으셨던 분들을 위해 지금부터 로봇을 알아보는 시간을 가져보겠다.

로봇하면 무엇이 떠오를까? 필자는 마징가Z와 태권브이, 철인28호 그리고 트랜스포머가 먼저 떠오른다. 마징가와 태권브이가 탑승로봇이라면 철인28호는 조종로봇이며 트랜스포머는 대표적인 변신로봇이다! 이 정도는 아마 다 알고 계실 것이다. 그럼 지금부터 로봇의 다양한 형태를 알아보자.

■ 반다이에서 근래 출시된 초합금혼 40주년 기념 마징가와 아프로다이A

■ 전신상 스태츄 태권브이

■ 2009년 발매된 고베철인28호

먼저 무인로봇(인조인간 등을 포함)을 살펴보자. 무인로봇 이라고 하면 왠지 나사에서 화성에 보낼 아이라고 소개시킬 것 같은 이질적인 느낌이 들 수 있다. 필자는 무인로봇하면 월리하고 화성 탐사로봇이 먼저 떠오른다. 하지만 무인(인간형)로봇의 대표적인 캐릭터를 보면 친근함이 확 느껴질 것이다! 바로 아톰이다. 아마 1년 전만 해도 아톰을 아시는 분들을 보면 나이가 많은 연령대였다. 그런데 대략 1년 전 패스트푸드점에서 햄버거 세트를 먹으면 작은 피규어를 주는 이벤트가 있었는데 그때 그 피규어가 아톰이었다. 덕분에 햄버거는 엄청 팔렸다고 한다. 그 뒤로 패스트푸드점에서 지속적으로 피규어를 주거나 싸게 파는 행사를 꾸준히 해오고 있다.

■ 많은 분들에게 향수를 불러 일으키는 캐릭터 〈아톰〉

푸드점에서 판매한 아톰시리즈 피규어

■ 여러 가지 종류의 아톰 트레이딩 피규어

피규어 이야기 | 45

스스로 행동하고 맞서 싸우는 멋진 로봇이다! 무인로봇은 월-E 뿐만 아니라 어벤져스 영화에 나오는 울트론이 있다. 조종하는 로봇도 빠질 수 없다. 대표 주자로 철인28호가 있다. 철인28호가 일본에서는 대형로봇과 무인로봇의 시초라고 보면 된다. 〈리얼스틸〉에 나오는 로봇 파이터들 또한 조종하는 로봇들이다.

■ 태양의사자 철인28호 피규어

■ 트레이딩 피규어 철인28호. 리모컨으로 조종하는 대형로봇의 시초라고 할 수 있다.

■ 트레이딩 피규어 철인28호

■ 반다이에서 출시된 한정판 초합금 철인28호 메탈릭 버전

이번엔 탑승형 로봇! 대표적으로 마징가Z, 태권브이가 있다. 중장년층은 이 두 로봇을 모르면 간첩이라고 할 수 있을 만큼 국내에서는 너무나 유명한 로봇이다. 아마도 대부분 젊은이들은 로봇하면 트랜스포머를 떠올리겠지만 중장년층에게는 그보다 더한 애정이 있다. 그럼 탑승형 로봇은 무엇일까? 45년 전만 해도 사람들은 로봇하면 무인로봇과 조종기로 움직이는 로봇을 생각했다. 그런데 어느 날 나가이고라는 일본 작가에 의해 탑승형 로봇 마징가Z가 등장하면서 기존의 로봇에 대한 개념이 완전히 깨지게 되었고, 사람들은 마징가Z에 열광했다. 탑승형 로봇이라는 개념이 없을 당시엔 사람들이 이를 얼마나 신기하고 멋지게 생각했을까 싶다. 거대로봇에 탑승해서 신도 되고 악마도 되는 그런 모습을 말이다. (마징가Z 만화의 한 장면에서 주인공의 할아버지가 주인공에게 다음과 같은 말을 했다. "네가 마징가를 조종하는 순간 넌 신이 될 수도 있고 악마가 될 수도 있다.")

 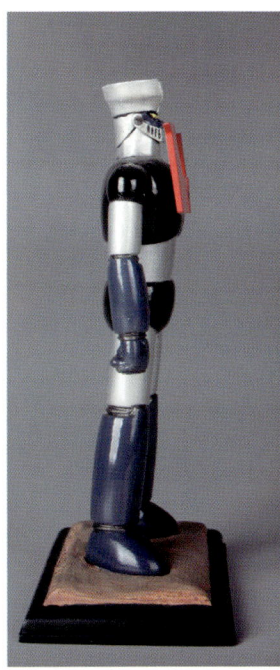

■ 낭만당 마징가

■ 태엽으로 감아서 놓으면 앞으로 가는 빌리켄 마징가

■ 마징가 파일럿 쇠돌이의 여러 가지 버전

트랜스포머 영화도 개봉했을 때 정말 센세이션하지 않았나! 아마 마징가Z가 나왔을 당시는 더 센세이션 했을 것이다.

Plamodel — Kidult Book

■ 합체로봇의 시초라고 할 수 있는 겟타 1, 2, 3

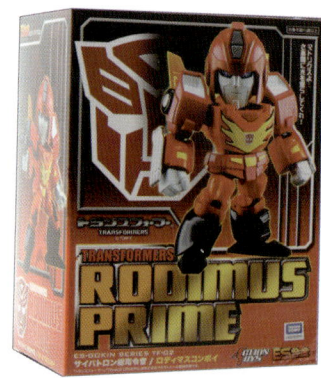

■ 변신로봇 트랜스포머   출처 | ES합금 제품 중에서

출처 | 네이버 영화 트랜스포머 포스터 이미지

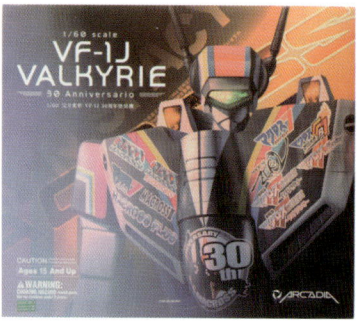

■ 비행기 → 거워크모드(로봇과 비행기의 중간 변신모드) → 로봇으로 3단 변신을 하는 로봇 〈마크로스〉

■ 마크로스 거워크 모드

■ 마크로스 로봇모드

■ 마크로스 비행기 모드

■ 마크로스 거워크와 로봇모드

자동차에서 로봇으로 변신하는 트랜스포머와 비행기에서 로봇으로 3단 변신하는 마크로스!

각각 변신하는 과정의 모습은 언제 봐도 멋있다. 이래서 변신 로봇을 좋아하면 푹 빠지는 게 아닌지 모르겠다. 변신로봇이 나온 이후로도 변신합체로봇이 등장하고 이후로 전대물 즉 파워레인저에서 흔히 나오는 5단합체변신로봇이 엄청난 인기를 얻게 된다. 여기까지 다양한 형태의 로봇들을 알아보았다. 로봇의 종류들을 알아봤으니 이제 앞서 언급한 로봇류들의 제품들을 알아보도록 하자.

■ 합체 로봇 갓시그마

■ 초합금혼 육신합체로봇 갓마즈. 이 제품은 키덜트 사이에서 명품 대형초혼으로 꼽히는 로봇중의 하나

■ 합체로봇 초합금혼 달타니어스

Plamodel

Kidult Book

다음은 건담이다. 건담을 좋아한다면 누구나 프라모델을 한번쯤은 만져 보셨으리라 생각한다. 프라모델이란 말은 일본에서 처음 나온 말로, 성수지계 플라스틱을 이용한 금속주형 사출 조립모형을 말한다.

■ 건프라

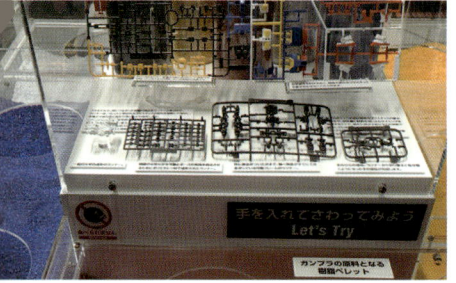
■ 오다이바 다이버시티 내에서 촬영

■ 건프라의 플라스틱 재료

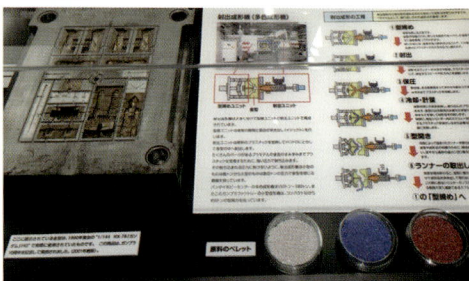
■ 건담의 금형과 각종색깔의 플라스틱 재료

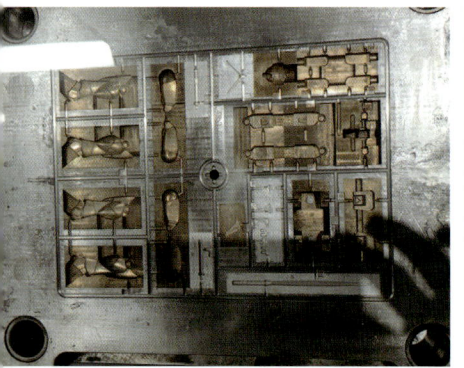
■ 건프라를 만들때 쓰는 금형

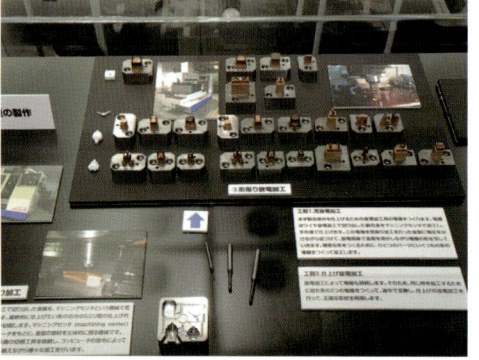

■ 건프라 제작 진행과정

■ 건프라 내부 프레임 설명집

■ 오다이바 다이버시티 건담프론트 내부

■ 합금제품이란 일정한 비율로 철과 여러 가지 금속재료를 섞어 가공한 제품을 말한다.

현재 한국과 일본에서 남녀노소에게 가장 많은 사랑을 받고 있는 제품이라고 할 수 있다. 특히나 건담 프라모델은 건프라라고 따로 불릴 정도로 인기가 굉장하다. 프라모델은 니퍼로 절단하고 접착제로 붙이고, 도색하는 쏠쏠한 재미가 있다. 2차원적인 평면에서 머리와 팔, 몸통, 다리가 만들어지고 그것들이 하나둘씩 조립되면서 하나의 로봇으로 만들어져가는 간다는 점이 형언할 수 없는 뿌듯함을 주기 때문이다. 그러므로 디테일한 조립을 좋아하시는 분들이라면 강력 추천한다. 이제까지 혹 레고만 조립해보셨다면 이젠 건프라를 권해드리고 싶다. 묵직~한 매력이 있는 초합금이다!

초합금은 보통 반다이라는 피규어 회사에서 출시된 제품들을 말하며 정확한 명칭은 초합금혼이다. (참고로 다른 제조사에서도 초합금제품을 출시하기도 한다. 하지만 초합금의 이름은 반다이만 쓸 수 있어서 타 제조사에선 중합금, 소합금, 대합금, 신합금, 신세기합금, EX합금 등으로 제조사마다 다른 여러 가지 합금의 이름을 쓰고 있다.)

초합금 – 다른 합금 제품들을 모두 포함하여 편의상 초합금제품이라 지칭하면 다른 제조사 합금제품도 포함이라고 생각해주면 된다. – 은 일정비율의 가루가 된 금속재질을 압축하여 합금의 형태로 만든 제품으로, 일반적인 소프비나 플라스틱 제품들 보다 무게감이 상당하기 때문에 묵직함이 매력이라고도 할 수 있다. 초합금을 수집하는 분들 중에는 이 묵직함의 손맛이 좋아서 수집한다는 분들도 꽤 있다. 초합금은 재료가 금속으로 되어있어서 도색 방법 또한 다르다고 하는데 도료가 합금재질에 착색을 하기 위해 특수한 처리로 도색한다고 한다.

반다이에서 처음 출시한 초합금혼 제품은 역시나 마징가Z다! GX–01부터 69번까지 다양한 초합금혼 제품 로봇들이 시리즈로 출시되었다.

■ 반다이에서 출시된 GX–01 시리즈 마징가들

■ 마징가 만화에서 주인공의 친구가 타고 다니는 로봇 〈보스보롯〉. 이 제품 역시 반다이에서 출시된 제품이다.

초합금 시리즈에는 재미있는 이야기가 담겨있다. 초합금혼 제품 1호인 GX-01은 일반적인 마징가 색상으로 출시되었다가 이후 블랙버전, 골드버전 등 여러 버전으로 나왔다. 그렇게 다른 색상으로 출시가 된 데에는 이유가 있다. 만화영화의 장면 중 마징가가 해가 진 밤에 홀로 서있는 모습이 검게 보이는 장면이 있는데 그 모습을 제품화시킨 게 바로 블랙버전이다. 제품명은 GX-01B, GX-01RB 등이 있다. 그리고 극 중 마징가가 노을에 비친 모습이 황금색으로 보이는 장면을 제품화 시킨게 골드버전으로 일반 색상의 마징가에 금색을 입혔다. 제품명은 GX-01G이다.(마징가에 관한 이야기는 뒤에서 다시 한 번 자세히 다루겠다.) 어떻게 보면 같은 조형의 제품에 색깔만 바꿔 판매한 셈인데 사람들은 이런 독특한 색감에 뜨거운 반응을 보인 것이다. 반다이라는 회사의 상술이 정말 놀라운 것 같다. 지금은 피규어 제조회사들이 이렇게 하나의 조형에 색깔만 바꿔서 판매가 되는 경우가 일반화되어 있다.

앞서 기존 조형에 색깔만 바뀐 버전과 달리, 기존 제품에 부족한 부분을 업그레이드시켜 GX-01R과 GX-01R+ 등과 같이 기존 제품명 뒤에 R을 붙인 리뉴얼 버전 제품이 출시되기도 한다. 이중 GX-01R 버전을 블랙버전으로 만든 GX-01RB 버전은 500체가 한정판으로 출시 되었는데(참고로 해당제품은 마징가 만화의 DVD를 구매한 사람들에 대해서만 응모한 정으로 판매 했다. 철인28호 제품도 이렇게 판매한 적이 있다.) 시간이 지나고 나서 해당제품을 찾는 사람들이 점차 늘어나게 되었다. 지금은 찾는 사람에 비해 수량이 적다보니 어마어마한 프리미엄이 붙어 버리기도 했다. 예로 GX-01B 버전의 출시가가 당시에는 엔화로 6800엔이었는데 색깔만 다른 GX-01RB 버전이 지금은 일본 옥션이나 한국에서 150~160만원 정도에 거래가 된다고 하니, 엄청나지 않은가! 참고로 GX-01B버전의 출시년도는 1998년 9월/ 발매가 6800엔)이고 GX-01RB버전의 출시년도는 대략 2002년 / 발매가 없음 응모한정 판매 500체한정판)이다.

GX-01B와 GX-01RB는 같은 블랙이지만 무광이냐 유광이냐에 따라 차이가 있다. GX-01RB가 고가라 그런지 왠지 유광이 더 고급스럽게 느껴진다. 어쩌면 반대로 무광이 한정판이어서 프리미엄이 붙었다면 무광이 고급스럽게 느껴질 수도 있다. 그리고 보면 이런 사람의 심리를 이용한 판매상술이 특히 일본의 피규어 회사들이 뛰어난 것도 같다. 참고로 GX-01B 제품은 발매수량이 많아서 그 당시에 출시된 다른 제품들에 비해 프리미엄이 많이 붙지는 않았다. 그래서 해당제품은 지금도 처음 출시가와 비교해도 가격의 큰 차이가 없다.

최근에는 9~12만원 사이에 거래가 이루어지고 있다. 그 당시 인기가 없었던 응모

출처 | 반다이 제품 중에서

■ 어마어마한 프리미엄이 붙은 GX-01RB 제품

한정판 GX-01RB 제품이 지금은 이렇게 프리미엄이 많이 붙을 줄 누가 알았을까?

이렇듯 초합금제품이 많은 사랑을 받는지라 마치 미원을 조미료의 고유명사처럼 부르듯 쇠로 된 제품을 고유명사 마냥 초합금이라고 부른다. 참고로 처음 초합금이란 단어를 쓴 것은 마징가Z 만화에서였다. 그리고 초합금 제품군은 마징가뿐만이 아닌 다른 로봇제품으로, 심지어 원피스 고잉메리호나 프랑키, 키티 등 여러 제품으로 만나볼 수 있다. 주의해야 할 점은 합금제품의 특징인 묵직함의 매력에 빠지면 헤어 나오기가 쉽지 않다는 것이다. 그리고 지금은 아니지만 예전 초창기에 발매된 초합금제품 박스에는 일본어로 "少年の心を持った大人たちへ(소년의 마음을 가진 어른들을 위한)"라는 문구가 적혀있었다. 정말 키덜트를 위한 제품이라고 할 수 있다. 몇 십 년 전에 출시된 제품이 키덜트를 예상하고 만든 제품이라니 그저 놀라울 따름이다.

■ 슈로초(슈퍼로봇초합금) 마징가Z ■ 초합금혼 마징가Z

■ 슈로초(슈퍼로봇초합금) 그레이트마징가 ■ 슈퍼로봇초합금 마징카이저스컬

슈퍼로봇초합금제품을 살펴보자. 줄여서 슈로초라고도 한다. 초반에는 슈퍼로봇대전게임에 나오는 캐릭터들로 제작되다가 차츰 범위가 넓혀져서 가동을 중시하는 초합금 피규어의 형태로 출시하게 되었다. 가격이 저렴해서 소비자들에게 인기를 얻었으나 요즘 들어서는 초합금혼과 엇비슷한 가격대로 출시되고 있어서 조금은 아쉽다. 저렴한 가격과 놀라운 가동률 그리고 약간의 묵직함이 매력이었는데 그 저렴함의 매력이 사라진 것이다.

■ 마미트에서 출시된 소합금 시리즈중 〈게타드래곤〉과 〈게타라이거〉

슈로초 제품군들은 초합금제품군에 비해 크기나 합금량이 적었다. 그리고 초합금혼 시리즈로 출시를 할 때면 인기가 비교적 적은 마이너 제품들을 출시하고 있어서 많은 키덜트들의 사랑을 받기도 하다. 무게와 크기는 작지만 대신 가동률은 오히려 좋은 편이다. 건프라로 얘기하면 MG와 HG의 차이라고 할 수 있겠다.

소합금, 중합금, 대합금은 마미트에서 출시된 합금제품의 이름이다. 각각 무게감과 사이즈 면에서 저마다의 특징을 가지고 있는데 합금제품 특유의 차갑고 묵직한 느낌이 로봇을 실감나게 표현해준다. 마미트는 소합금 제품 중 만화책의 일부를 부록으로 묶어서 출시하기도 했는데 이후에 반다이에서도 DX합금 마징가를 출시하면서 만화책의 일부를 묶어서 판매했다.

■ 소합금 마징가 6종

■ 내부가 보이도록 만들어진 DX합금 마징가

■ 엄청난 크기와 무게감을 자랑하는 합금제품 로봇의 끝판왕 대합금. 마징가의 무게가 무려 3KG 정도가 된다.

■ EX합금 제품 시리즈

다음은 EX합금! 아트 스톰에서 출시된 합금 피규어이며 디테일 면에서 아주 우수하고 합금비율도 매우 높다. 그래서 묵직함이 살아있는 고퀄리티 제품이다. 필자도 개인적으로 매우 좋아라한다.

■ EX합금 그레이트 마징가

팔 부분이 자석으로 되어있어 팔의 분리가 가능하다. 만화에서처럼 주먹발사 표현이 가능하도록 구현된 기능이다. 가격은 다소 높지만 해당제품을 구입해 보면 엄청난 무게감에 헉! 하고 반할지 모른다.

팔 자석임..
발사 가능

관절 뚜둑

묵직

EX합금

아트스톰에서 출시된 합금제품
높은 합금비율과 디테일이 특징입니당

Plamodel | Kidult Book

MAX 합금은 맥스 팩토리에서 개발하고 굿스마일 컴퍼니가 발매한 합금 피규어다. 현재는 라인업 예고에 비해 감감 무소식인 경우도 있고 발매연기도 잦아서 다른 합금 피규어들에 비해 인지도가 낮은 편이다. 하지만 높은 합금 비율과 수준급의 가동범위로 퀄리티를 보장하는 제품이기도 하다. 반다이에서 나온 초합금제품보다는 크기가 조금 더 크고 묵직하지만 가동률은 좀 떨어지는 편이다.

■ 엄청난 무게감을 자랑하는 신세기 합금 마징카이저

이쯤에서 크기가 얼마나 되는지 감이 안 오시는 분들을 위해 비교사진 하나 첨부해본다.

가운데 제일 큰 게 대합금제품이다. 이 제품의 크기가 약 50cm 정도 된다.

왼쪽 앞에서부터 초합금, 메디코스통짜합금, 슈로초, 액션합금, 소합금, 더초합금, 열혈합금, 메탈뮤지엄, 미니초합금, 통짜합금열쇠고리마징가, 컴팩트열혈합금, 초미니합금이며 뒷줄은 왼쪽부터 DX마징가, 대합금, EX 합금, 신세기합금이다.

■ 다양한 메탈빌드 시리즈 제품군들

출처 | 반다이 제품 중에서

이번에는 메탈빌드 제품에 대해 살펴보겠다. 이름부터 합금의 기운이 확 느껴진다.

메탈빌드는 반다이에서 발매한 제품으로 기존의 건프라 제품에서 내부플레임과 외부장갑을 합금으로 제작한 1/100 스케일의 피규어다. 제품 특성상 도색까지 되어있는 완제품으로 출시가 되어 따로 도색하고 조립할 필요가 없다. 건프라의 경우 조립된 부분이 잘 떨어지는 단점 때문에 불편을 호소하던 사람들이 적지 않았는데 메탈빌드는 그런 이들에게 폭발적인 반응을 얻었다. 메탈빌드의 견고함은 지금도 많은 이들에게 꾸준히 사랑받고 있다. 발매가 되면 얼마 지나지 않아 프리미엄이 어김없이 붙는 제품이기도 하다. 높은 가격대에도 불구하고 꾸준한 인기를 끌고 있으면서 재판은 거의 안한다고 하니, 구매욕구가 더욱 상승하지 않겠는가? 그러니 프리미엄이 안 붙을 수가 없다. 메탈빌드는 디테일뿐만 아니라 프로포션이나 가동률 등 전체적인 퀄리티가 상당히 출중하다는 평이 자자한 제품이다. 현재까지 출시된 제품은 약 20여개이며, 시간이 지나면서 제품군에 따라 원가의 2배에서 10배 정도까지 프리미엄이 붙는다. 이것만 봐도 엄청난 인기를 끌고 있다는 걸 알 수 있다.

참고로 더블오 라이저 트란잠 버전은 20만원대 초반에 출시되어 현재 200만원대에, 더블오 세븐소드제품은 80만원대에, 더블오라이저 제품은 90만원대에 스트라크 프리덤은 현재 60만원대에 거래가 되고 있다고 한다.

실제 금액으로 들으니 실감이 나실 것이다. 저렇게 가격이 오르면 사람 심리가 구매욕구가 상승한다.

■ 메탈뮤지엄 전 10종

메탈뮤지엄은 약간 생소하실 것 같다. 혹시 이 제품군을 이미 알고 있다면 당신은 이미 확실한 키덜트 또는 콜렉터라고 볼 수 있다.

메가하우스에서 오래 전에 발매된 제품이며 작지만 묵직하고 차가운 로봇의 느낌이 강하게 느껴지는 통짜 미니 합금 피규어 제품이다. 메탈뮤지엄콜렉션 시리즈 중 보스로봇이 가장 구하기 힘들며 몸값 또한 동종 타제품군에 비해 가격이 높다.

다음은 THE초합금과 THE초합금 미니로 이 제품 또한 합금비율이 높고 작지만 정교하다단 점이 가장 큰 특징이다. 또한 패키지도 잘 되어있어서, 소장하고 싶은 제품이이도 하다.

합금 제품은 이 외에도 DX합금, 신합금, 울트라합금, 미니합금 등 다양한 종류가 있다.

■ THE초합금 마징가

■ 신합금 제품
출처 | 맥시마 신합금 제품 중에서

■ 그 외 다양한 합금제품군들

■ THE초합금 미니

■ 열혈합금 출처 | 반프레스토 열혈합금 제품 중에서

■ 히어로 콜렉션 합금 마징가시리즈
출처 | 히어로콜렉션 합금 마징가 제품시리즈중에서

■ 소합금 그랜다이저

■ 액션합금

■ 컴펙트 열혈합금 마징가와 그레이트 마징가

■ 통짜 합금 열쇠고리 로봇 제품

Kidult Book
Figure

05 마징가Z와 로봇태권브이 이야기

1. 거대로봇 탑승로봇의 원조 마징가Z

■ 마징가 피규어

일본에는 반다이, 마미트, 반프레스토, 메가하우스 등 수많은 피규어 회사들이 존재한다. 이 회사들의 첫 번째 로봇 피규어는 다들 약속이라도 한 듯이 모두 마징가Z라는 사실! 그만큼 로봇 중에 최고라고 할 수 있는 마징가Z에 대해 알아보겠다.

그 당시 로봇에 사람이 타고 조종하는 모습은 굉장히 신선한 소재였을 뿐더러, 주인공 카부토 코우지와 마징가Z가 같이 성장한다는 점에서 많은 어린이들의 공감을 얻으며 굉장한 인기를 이끌었다. 그 어린이들이 성인이 된 오늘날에도 마징가는 꾸준한 사랑을 받으며 전설적인 작품으로 남게 되었다.

마징가는 초합금 시리즈의 100여개 제품군중 20여 가지가 넘는 제품군이 마징가와 마징가 만화에 등장하는 동료 로봇과 악당로봇일 정도로 로봇중의 갑이라고 할 수 있다. 초합금 시리즈 뿐만 아니라 여러 피규어 회사의 로봇 시리즈 중 1번은 마징가라고 한다.

■ 왼쪽부터 GX-01 , GX-01R, GX-01R+ 각 제품들의 눈 모양을 보면 차이가 있다. 마치 왼쪽부터 화난듯한 눈, 우는듯한 눈, 멋진 눈들을 가지고 있다. 역시 이중 제일 인기갑은 오른쪽 GX_01R이다.

반다이 회사의 첫 번째 초합금 출시작인 GX-01은 합금제품 특유의 묵직함과 차가운 느낌으로 로봇의 느낌을 잘 살릴 수 있었다. 하지만 헤드와 주먹 부분의 끈적끈적한 느낌과 변색과 변형이 쉬운 재질 때문에 아쉬움을 샀던 제품이다. 마징가의 화난 얼굴표정 같은 조형이 특히 그랬다. 반다이는 이를 수정하여 GX-01R로 다시 출시를 하였는데, 도색과 헤드, 주먹 재질 등이 보완되었다. 하지만 많은 마징가 팬들의 원성을 들었어야 했던 이유가 있었으니, 바로 마징가의 얼굴의 조형이 마치 울고 있는 것처럼 보인다는 것이었다. 바디부분은 정말 만족스러웠지만 울상인 마징가의 얼굴 때문에 마징가스럽지 못하다는 빗발친 항의를 들어야만했다.

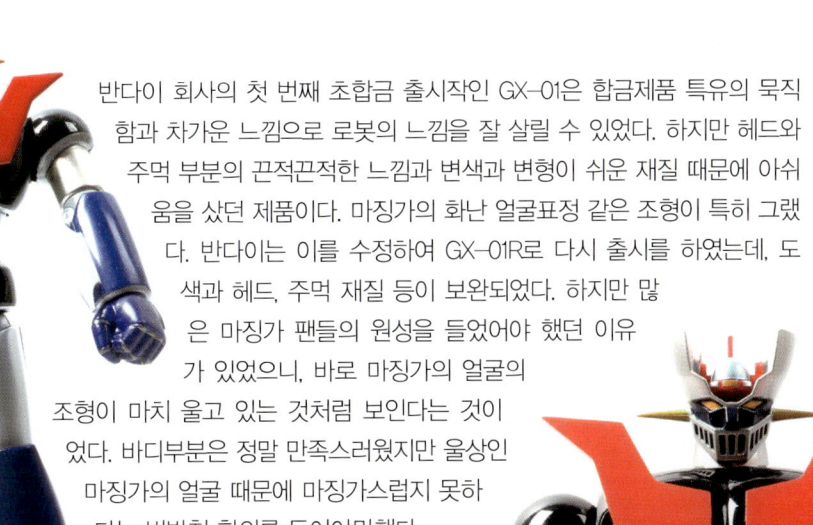

그리하여 나온 대망의 GX-01R+!!!

GX-01R에서 도색과 마징가 얼굴을 수정하여 한정판 제품으로 출시되었다. 도색된 컬러부터 재질 등 아주 고급스러운 모습이며 마징가 제품들 중 얼굴이 가장 멋지다고 평이 난 제품이기도 하다. 필자도 그렇게 생각한다. 그 이후로 반다이에서는 GX-01R+의 얼굴을 기본으로 하여 마징가 제품을 제작한다고 한다.

기존의 제품과는 다르게 허리가 돌아가고, 다리가 180도까지 벌어지며, 관절의 움직임이 더욱 자유로워지는 등 가동범위가 크게 확대되었다. 정말 눈부신 발전이다. 기술의 발달은 어디까지일까? 반다이에서 초합금 시리즈를 제작하면서 개발된 기술들은 추후 프라모델, 메탈빌드 등에 녹아들어 멋지고 다양한 제품들로 만들어져 출시가 된다고 한다.

피규어 이야기 | 61

합금제품을 만질 때 지문주의!!

합금 제품을 조립하거나 변신을 시킬 때 장갑을 끼지 않고 만지게 되면 지문이 잘 묻는다. 묻은 지문을 바로 닦아주면 괜찮지만 그렇지 않으면 소중한 피규어의 몸에 지문이 고이고이 새겨진 상태로 남게 될 가능성이 크다. 그러니 맨손으로 만지게 된 후에는 바로 고운 천으로 닦아내는 것이 좋다. 안경 닦을 때 쓰는 천을 추천한다. 지문이 묻은 지 좀 오래 되었다 싶으면 면봉에 소량의 로션을 묻혀서 닦으면 효과가 있다. 단, 너무 세게 문지르면 안 된다.

마징가의 주먹!

적에게 공격할 때 마징가의 주먹은 저렇게 대왕주먹으로 멋지게 변신한다. 그 모습을 바탕으로 만들어진 제품이다. 한 번 맞으면 다음 생을 준비해야할 것은 왕주먹이지만 손가락을 펴고 들어가 있던 고개를 빼 주면

■ GX-49

짜잔~! 변신 전의 마징가 모습 개인적으로 좋아하는 제품들 중 하나이기도 하다. 정말 멋지다 일명 간지끝장이다.

■ 골드버전 GX-49G

가끔 만화 속에 등장하는 특정의 모습을 간직하고 싶을 때가 있을 것이다. 그럴 땐 만화 속의 모습을 바탕으로 제작된 디오라마 제품들을 찾아본다. 앞전에 잠시 간략하게 설명 한대로 금색으로 빛나는 마징가는 모델명 끝에 G가 붙고 검은색을 띠는 마징가의 이름에는 B가 붙는다. 만화 속 모습만큼이나 멋진 모습이다. 마징가Z에서 주인공 카부토 코우지(한국에서 방영당시 이름은 '쇠돌이')는 극중에서 오토바이를 애용하는 캐릭터로 나오는데 그게 다 이유가 있다. 원작자인 나가이고란 분이 오토바이를 그렇게 좋아한다고 한다. 그래서 마징가 애니메

이션이 제작되기 전에 원작에서는 탑승물체가 비행기가 아닌 오토바이로 나온다. 오토바이로 마징가에 탑승해서 오토바이를 타고 올라간 채로 마징가를 조종하는… 상상이 가시는가? 이후 제작사는 만화영화 제작을 하면서 오토바이는 대중적이지 못하고 사람들에게 거부감을 줄 수 있기 때문에 비행기로 교체할 것을 주장했고 작가 나가이고는 이에 엄청나게 반대했다. 그러다 결국 제작사의 요구가 받아들여졌고 지금 우리가 알고 있는 마징가Z의 모습은 바이커가 아닌 호버파일더가 되었다! 이 얼마나 다행인지 모른다. 필자도 오토바이는 좀 아닌 것 같다. 하지만 오토바이에 미련을 버리지 못했던 작가 나가이고는 마징가Z가 대히트를 치고 난 후 결국 처음 본인이 원하던 모습대로 아이언 마징가, 에네르가 마징가 시리즈 등의 오토바이로 조종하는 마징가를 그려냈다.

■ 마징가 Gold, Black

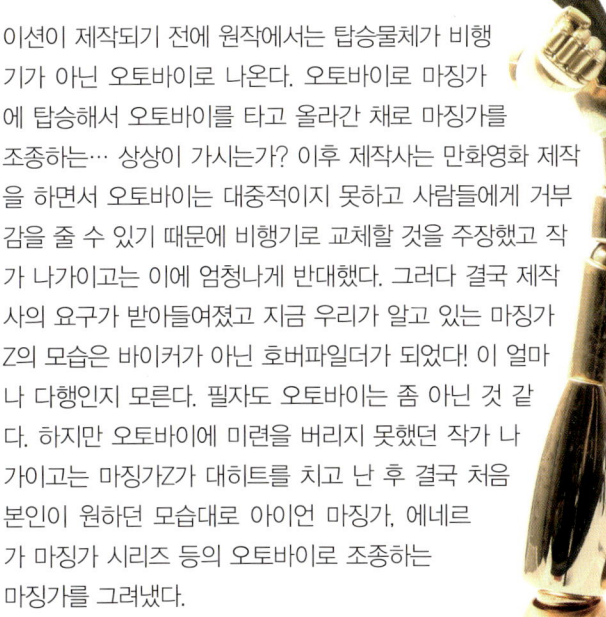

■ 에네르가 마징가

■ 마징가의 등을 타고 탑승

Plamodel Kidult Book

굉장히 박력 있는 포즈다. 일본에서 아주 유명한 조형사인 토모노부의 작품으로, 마징가Z가 극중에서 적을 부수고 쓰러진 적을 밟고 올라서 있는 모습을 표현한 제품이다. 디테일이 끝내준다.

■ 전투 후의 마징가

■ 이 제품은 메디코스에서 발매된 레진 제품이다. 불과 몇달전만 해도 거래되는 금액이 40만원대였는데 지금 일본내에서 박스가 있고 제품상태가 좋은 중고제품이 20만엔 우리돈으로 약 200만원 넘는 금액에 거래가 된다고 한다. 갑자기 프리미엄이 엄청 붙었다. 참고로 이제품은 복제품이 많이 돌아다닌다.

■ 에네르가 마징가. 저렇게 등 뒤에서 오토바이로 타고 올라가서 탑승할 수 있는 로봇이다.

■ 왼쪽부터 초합금 마징가, EX합금 에네르가 마징가, 초합금 에네르가 마징가.

나가이고 작가가 마징가를 끝내려고 하자, 제작사 측에서는 강력하게 반대를 했다. 그만큼 마징가의 인기가 가장 최고조였던 시기였기 때문인데, 작가와 제작사 사이 오랜 실랑이가 벌어지는 도중 마징가가 극 중에서 처참하게 공격을 당하게 된다. 거의 대파직전 절체절명의 순간 혜성같이 등장한 로봇이 있었으니! 바로 그레이트 마징가다! 쓰러져 가는 마징가를 구해주러 저 멀리서 날아온 그레이트 마징가! 로봇이 검을 들고 공격하는가 하면 하늘의 번개를 자유자재로 다루는 모습은 너무도 신선한 충격이었다. 그레이트 마징가의 등장 후 마징가Z는 자취를 감추게 되고 카부토 코우지는 미국으로 유학을 떠나게 된다. 그 후로는 그레이트 마징가가 다른 파일럿 츠루기 테츠야와 함께 마징가 시리즈를 잇게 된다. 나가이고와 제작사를, 거기에 시청자들까지 두루 만족시키는 이 얼마나 훌륭한 고육지책인가~ 내가 그 당시 일본 시청자라고 해도 박수를 치고도 남았을 것이다.

■ 그레이트 마징가가 쓰러진 마징가Z에게 검을 던져주며 위협하는 적을 공격하라고 돕는 장면이다. 그레이트 마징가의 등장은 너무나 멋지고 화려해서 잊을 수 없는 명장면 중의 하나라고 생각된다. 어찌 잊을 수가 있겠는가!! 너란 로봇…

■ 그레이트 마징가의 등장

■ 정말 너무나 유명한 장면이다. 극적으로 되살아난 마징가Z가 그레이트 마징가와 모든 악당들을 물리치고 나서 마징가Z와 그레이트 마징가가 서로에게 그 동안 수고했단 말과 잘 부탁한다는 말을 하면서 악수를 하는 장면을 재현한 제품이다.

■ 12인치 액션피규어 카부토 코우지(일명 : 쇠돌이)

■ 그레이트 마징가가 던져준 검으로 적을 무찌른 마징가Z 많이 망가진 모습을 재현한 레진완성품

Plamodel *dult Book*

■ 그레이트 마징가가 손가락을 하늘 위로 올리고 있는 이유! 바로 번개를 다스릴 줄 아는 그레이트 마징가를 표현한 것이다. 어릴 때는 이 모습에 그레이트 마징가에게 홀딱 반했다. 이 제품 또한 조형사 토모노부의 작품이다.

■ 초합금 그레이트 마징가를 커스텀한 제품

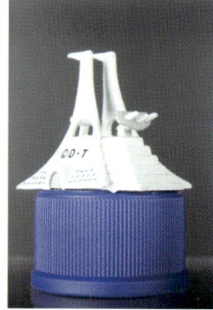

■ 40주년 950체 한정판 풀 다이캐스트 마징가헤드

■ 빌리켄 마징가 제품

■ 마징가 피규어. 오래된 제품으로 추억 돋는 제품이다.

■ 보틀캡 피규어. 마징가의 광자력연구소

100% 통짜합금 메디코스 마징가

고전 마징가

그레이트 마징가 이후에 나온 마징가 시리즈 후속편들에 나오는 그랜다이저와 마징카이저 시리즈

일본의 조형작가 하 야 미 히토시의 초기 원형 마징가 제품. 로봇의 느낌보다는 사람을 의인화 한 것 같은 모습을 지녔다.

여러종류의 마징가피규어 제품들

피규어 이야기 | 67

마징가의 이야기를 더 하고 싶지만 그러면 책이 백과사전만큼 두꺼워질 것 같다. 그래서 마징가 이야기는 여기서 마무리 하겠다. 마징가는 그 역사만큼이나 많은 이야깃거리를 가지고 있다. 혹시 마징가를 잊고 계셨던 분들도 이번 기회에 마징가를 다시 한 번 보는 것을 권해드리고 싶다.

참고삼아 반다이에서 출시된 초합금 발매 연도와 출시가격을 알아보자!

반다이에서 출시된 초합금혼 시리즈 출시년도와 출시가격(소비세포함, 2005년도까진 일본내 소비세는 5%였고 그 이후 소비세는 현재까지 8%이다. 일부 제품은 출시날짜와 출시가격이 다를 수 있다.)

GX	01 마징가Z	1997년 12월/ 6090엔
GX	02 그레이트 마징가	1998년 11월/ 8190엔
GX	03 콤바트라V	1999년 6월/ 13440엔
GX	04 그렌다이저	2000년 2월/ 15740엔
GX	05 대공마룡 가이킹	2001년 4월/ 10805엔
GX	06 겟타 로보	2001년 11월/ 15750엔
GX	07 마징가Z(OVA판)	2001년 12월/ 5040엔
GX	08 아프로다이A	2002년 1월/ 3675엔
GX	09 미네르바X	2002년 2월/ 3675엔
GX	10 보스보로트	2002년 3월/ 4200엔
GX	11 다이아난A	2002년 6월/ 3675엔
GX	12 비너스A	2002년 6월/ 4200엔
GX	13 단쿠가	2003년 2월/ 20790엔
GX	14 에반게리온 초호기	2003년 6월/ 5775엔
GX	15 에반게리온 2호기	2003년 7월/ 5775엔
GX	16 에반게리온 0호기 Kai	2003년 8월/ 5775엔
GX	17 에반게리온 12호기	2003년 9월/ 5775엔
GX	18 겟타 드래곤	2003년 11월/ 6300엔
GX	19 겟타 라이거	2003년 12월/ 5775엔
GX	20 겟타 포세이돈	2003년 12월/ 5775엔
GX	21 에반게리온 3호기	2004년 3월/ 5775엔
GX	22 에반게리온 4호기 은맥기 버전	2004년 3월/ 6825엔
GX	23 점보트 3	2004년 5월/ 18690엔
GX	24 철인 28호	2004년 9월/ 6825엔
GX	25 가라다K7	2004년 11월/ 5250엔
GX	26 더블러스M2	2004년 12월/ 5250엔
GX	27 가이킹	2005년 5월/ 9240엔
GX	28 전투 메카 자붕글 −2005년 9월 29일/ 7140엔	
GX	29 블랙옥스 −2005년 11월/ 6300엔	
GX	30 배틀피버 로보	2006년 3월/ 6300엔
GX	31 볼테스V	2006년 5월/ 16590엔

GX	32 골드라이탄	2006년 7월/ 6300엔
GX	33 레오팔돈&스파이더맨	2006년 7월/ 8190엔
GX	34 건버스터	2006년 11월/ 18900엔
GX	35 워커 개리어	2007년 1월/ 8400엔
GX	36 이데온	2007년 3월/ 23100엔
GX	37 킹죠	2007년 5월/ 8190엔
GX	38 아이언 기어	2007년 9월/ 18900엔
GX	39 바이캄프	2007년 11월/ 18900엔
GX	40 갓마즈	2008년 3월 29일/ 24150엔
GX	41 용자 라이딘	2008년 4월 26일/ 8925엔
GX	42 강철신 지그	2008년 7월 26일/ 9240엔
GX	43 투장다이모스	2008년 9월 27일/ 16800엔
GX	44 태양의 사자 철인 28호	2008년 11월 29일/ 7350엔
GX	45 마징가Z (진마징가 충격 Z편 Ver)	2009년 5월 30일/ 7140엔
GX	46 다이젠가 & 아우젠자이터	2009년 6월 27일/ 29400엔
GX	47 에네르가 Z	2009년 8월 22일/ 6615엔
GX	48 빅오	2009년 9월 19일/ 13440엔
GX	49 진마징가Z	2009년 9월 26일/ 9240엔 / 진마징가 충격 Z편
GX	50 콤바트라V 리뉴얼 Ver.	2009년 12월 23일/ 18690엔
GX	51 겟타 드래곤 from 진 겟타로보 세계 최후의 날	2009년 11월 28일/ 7875엔
GX	52 겟타 1 from 진 겟타로보 세계 최후의 날	2010년 1월 30일/ 8190엔
GX	53 무적강인 다이탄3	2010년 4월 24일/ 20790엔
GX	54 닌자전사 토비카게&흑사자	2010년 7월 24일/ 8925엔
GX	55 토비카게&봉뢰응	2010년 9월 25일/ 9450엔
GX	56 제로카게&폭룡	2010년 11월 20일/ 10500엔
GX	57 우주전함 야마토	2010년 11월 27일/ 23100엔
GX	58 지구방위군기함 안드로메다	2011년 2월 05일/ 26250엔
GX	59 달타니어스	2011년 4월 28일/ 23100엔
GX	60 갓시그마	2011년 7월 30일/ 24150엔
GX	61 다이오쟈	2012년 5월 12일 / 24150엔
GX	62 흑성로보 당가드A	2013년 7월 27일 / 12600엔
GX	63 프랑키 쇼군(원피스 시리즈)	2013년 10월 19일/ 26250엔
GX	64 우주전함 야마토 2199	2014년 1월 25일/ 28080엔
GX	65 무적강인 다이탄3 리뉴얼 컬러 Ver.	2014년 4월 26일/ 24840엔
GX	66 무적로보 트라이더 G7	2014년 6월 28일/ 27000엔
GX	67 아르카디아호	2014년 10월 /30240엔
GX	68 가오가이가	2014년 12월 /32400엔
GX	69 골디마그	2015년 7월 /19440엔

2. 30~50대 세대들에게 꿈을 만들어준 한국의 로봇 그이름 로봇 태권V

로봇 태권브이(Robot Taekwon V)는 1976년에 한국의 김청기 감독이 메가폰을 잡은 극장용 장편 만화영화 중 첫 작품의 원제목이다. 〈태권브이〉는 주인공이 탑승 조종하는 로봇의 이름으로 2007년에 복원되어 재개봉되기도 하는 등, 1970년대를 살아간 대한민국의 중장년층의 추억이 담긴 애니메이션으로 평가되고 있다.

■ 국내 최초로 주식회사 태류에서 제작된 태권브이 스태츄 흉상

그렇다면 태권브이 만화영화는 언제 제작되었을까?

1976년 3월, 김청기 감독, 지상학 각본으로 그해 6월 개봉을 목표로 SF 만화 영화가 제작중임이 보도되었다.

■ 1976년 7월 24일 개봉한 로보트 태권 V 영화

출처 | 네이버 영화

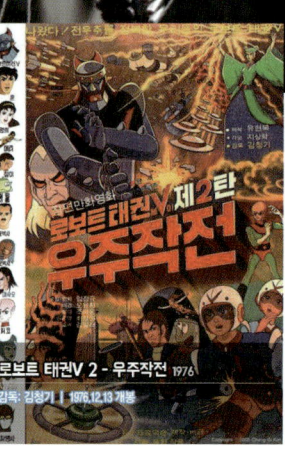

■ 1976년 12월 13일 개봉한 로보트 태권V2-우주작전

출처 | 네이버 영화

■ 1978.07.26 개봉 로보트 태권V4-황금날개의 대결

출처 | 네이버 영화

〈로봇 태권브이〉는 서울에서만 20만(당시 20만이면 지금의 몇 백만과 맞먹는다.)의 관객이 관람하는 등 흥행에 성공하여 속편으로 이어지게 되었다. 김청기 감독은 당시 유행하는 거대로봇에 영감을 얻어서, 이순신 장군의 얼굴을 모티브로 삼아 태권브이를 구상하였다고 한다.

등장인물 및 배경

태권도 유단자이면서 로봇을 조종하는 주인공 훈을 중심으로 연구소에서 로봇을 제작하는 박사와 그의 딸 영희, 그리고 덜렁대는 성격의 훈이 동생 철이가 등장하는 등 전형적인 거대로봇의 환경으로 구성되어 있다.

■ 국내 최초로 주식회사 태륜에서 제작된 태권브이 스태츄 흉상

■ 태륜에서 두 번째로 제작된 태권브이 스태츄 전신상. 크기는 1m 30cm에 달한다.

■ 12인 액션피규어 캡틴아메리카와 태권브이 스태츄 전신상과 같이 한 컷

동생 철이는 주전자와 양철을 이용해 직접 제조한 깡통로봇을 입고 나와 태권브이가 악당과 싸울 때 도움(?)과 웃음을 준다. 분명 태권브이에 향수를 가지는 분들이라면 깡통로봇 철이를 잊지 못할 것이다.

발매 당시에는 인기가 없어서 잘 팔리지 않았는데 지금은 귀하신 몸이 된 제품으로, 프리미엄이 꽤 붙었다. 그 당시 출시가에 두 배를 훌쩍 넘었으니 말이다.

■ 태권브이 만화에서 감초 역할을 하는 주인공 동생 철이 깡통로봇

피규어 이야기 | 71

■ 코믹한 태권브이의 모습을 표현한 레진제품

■ 예스애니 태권브이 레진제품을 데미지커스텀한 제품

태권도

태권브이는 우리나라의 고유무술 태권도를 사용하는 것이 가장 큰 특징이다. 일본의 만화영화 마징가Z에서 각종 무기를 이용하여 공격하는 것과 달리 태권브이는 태권도 기술로 상대를 제압한다. 혼연일체로 동작하는 태권브이의 조종사인 훈이가 태권도 유단자로 나오는데, 그의 태권도 실력이 태권브이에게 그대로 반영된다. 그때의 과학수준을 볼 때 이런 발상은 가히 혁신적이라고 생각한다. 오늘날 과학자들은 대형로봇은 이렇게 생각과 동작으로 움직이는 방식을 채택하여 조종하는 방식으로 만들어야 한다고 얘기하고 있으니 이 얼마나 시대를 앞서간 발상 아닌가.

■ 꽤 오래 전에 출시된 최초의 초합금제품 태권브이

조종사와 제비호

조종사는 훈이와 영희 두 명으로, 이들은 제비호를 타고 태권브이의 머리 윗부분에 착륙하는 방식으로 태권브이에 탑승한다. 제비호는 태권브이가 움직이는 도중에 분리되어 비행하면서 주변 상황을 조종사에 전달하기도 한다.

혼연일체

태권브이에 탑승한 훈이는 중앙 부분으로 내려가 자신의 머릿속 생각-뇌파-에 따라 태권브이를 조종한다. 이 조종 방식은 태권브이가 갖는 가장 큰 장점이지만 한편으로 훈이가 위험에 처하면 태권브이를 조종할 사람이 없다는 약점을 지닌다.

태권브이의 인기가 다시금 높아지면서 2015년에는 서울 강

■ 태권브이 레진제품

■ 태권브이 헤드 스태츄

동구 고덕동에 브이센터가 오픈 하였다. 우리나라에도 이렇게 로봇박물관이 생기다니 정말 뿌듯한 마음이다. 예전에는 도쿄 오다이바에 있는 대형 건담을 보며 무척 부러워하곤 했는데 나름 해갈이 되는 것 같다. 브이센터에도 그 건담크기만한 태권브이가 '똥' 하고 전시되고 있으니 말이다.

브이센터는 단순한 전시 관람을 넘어서 아이에게는 첨단미래과학을, 어른에게는 추억과 향수를 불러일으키는 〈THE LIVE MUSEUM〉 컨셉을 내세우고 있다. 키덜트 분들이라면 한 번쯤 방문해 보시길 추천한다.

■ 지포라이타와 태권브이 헤드 스태츄 콜라보 한정판 제품.

■ 기존 양산형 제품을 커스텀화 하여 내부를 구현한 커스텀제품. 모델러 이동한 님의 작품

■ 레진제품 태권브이 파일럿 훈이와 영희

■ 브이센터 내부

■ 브이센터 내부

■ 브이센터

■ 브이센터

■ 태권브이 피규어

Kidult Book
Figure

06 니코니코니~~
러브라이브가 무엇이지?
그 외 미소녀 피규어들

미소녀 아니메(일본식 애니메이션 발음)의 종류는 어마어마하다. 미소녀에 관한 얘기만 해도 책 한권으로는 어림도 없을 정도이니. 그 많은 아니메 중에서도 일본뿐만 아니라 우리나라에서도 인기가 높은 〈러브라이브〉를 소개하겠다. 한번 빠지면 헤어 나올 수 없다는 러브라이브에 대해 본격적으로 파헤쳐보자!

■ 러브라이브 애니메이션 중 한 장면

니코니코니~♪

한동안 유행했던 니코니코니~. 아마도 귀에 익은 독자도 있을 것이다. 그렇다면 그 독자는 이미 키덜트들 중에서도 깊이가 있는 독자임이 틀림없다. 앞서 얘기한 장면은 바로 러브라이브의 한 장면이다! SNS 상에서 유행하면서 그룹 블락비의 지코가 뮤직비디오에서 패러디하기도 했다.

"니코니코니가 도대체 뭐야? 뭔데 이렇게 사람들이 좋아해?" 하며 찾아 봤다가 입덕하게 된다는 전설의 러브라이브! 그럼 그 러브라이브가 대체 무엇이냐!

출처 | 러브라이브 공식홈페이지

1. 러브라이브

러브라이브는 애니메이션 제작사 선라이즈와 미소녀 잡지 전격 G's 매거진, 음악회사 란티스의 합동 아이돌 프로젝트로서 9명의 미소녀 캐릭터들을 아이돌로 내세운다. G's 매거진 2010년 8월호부터 연재가 시작되어 음악 CD, 뮤직비디오, 만화, 게임 등 다양한 콘텐츠를 선보였다. 기존의 애니메이션 게임에서는 실현되기 어려웠던 유저의 의견 반영까지 적극적으로 했다고 한다. 이러니 사람들이 좋아하지 않을 수가 없지…

■ 러브라이브 애니메이션 중 한 장면

일본에서 300만 유저를 달성한 스쿨 아이돌 활동을 서포트하여 라이브를 성공시키는 게임인 러브라이브! School Idol Festival은 한국에서도 출시하여 러브라이브 덕후들의 가슴을 와쿠와쿠(일본어의 두근두근이라는 표현)하게 만들었다고 한다.

■ 러브라이브 포스터 이미지

2015년 2월 26일부터는 〈러브라이브! 선샤인!!〉이라는 새로운 아이돌의 기획이 발표되어 현재 아쿠아(Aqours)라는 이름으로 활동 중이기도 하며 2016년 6월부터 TV 애니메이션으로도 방영되고 있다.

그렇다면, 이제 러브라이브의 주요 인물들을 한번 살펴보자!

■ 러브라이브 포스터 이미지

코우사카 호노카　　　CV : 닛타 에미/16세

언제나 미소를 짓고 있는 활발한 소녀! 오직 직감과 센스만으로 움직이고, 한번 정하면 우직하게 밀고 나가는 일직선! μ's의 엔진이며 견인자라고도 한다. 일본 내 러브라이브 총 선거 결과로 위치가 여러 번 옮겨지긴 했지만 센터에 가장 잘 어울리는 캐릭터라는 평을 듣는다고 한다. 이런 것까지 투표로 결정하니 실로 놀랍기만 하다.

■ 세가에서 발매된 미나미 코토리 피규어

미나미 코토리　　　CV : 우치다 아야/16세

호노카와 절친사이로, 약간 멍하지만 온화하고 공부도 잘하는 엄친딸!

심지가 강해서 겁을 잘 먹지 않는 캐릭터이며 2기에서 적은 분량과 대사로 2기의 최대 피해자라는 타이틀까지 얻게 되었다는 슬픈 이야기가 전해지고 있다. 이렇게 캐릭터마다 실제 살아있는 연예인처럼 각각의 스토리가 있고 그 스토리들이 현재 진행형이니 앞으로 어떤 이야기들이 나올지 더욱 궁금하다.

■ 세가에서 발매된 미나미 코토리 피규어

소노다 우미　　　CV : 미모리 스즈코/16세

일본무용 종가에서 자라나 늠름한 분위기를 풍기며 어린 시절부터 궁도로 단련되어 예의작법까지 완벽한 소녀. 자신을 비롯해 주변에게까지 엄격하여 잘못된 일이나 나태해지는 것을 매우 싫어한다. 잠자는 도중에 깨우면 분노를 한다고도 하니 조심하자!

■ 세가에서 발매된 소노다 우미 피규어

아야세 에리   CV : 난죠 요시노/17세

■ 세가에서 발매된 아야세 에리 피규어

러시아인 쿼터로 무엇을 시켜도 빈틈없이 해내는 만능꾼!

학교에서도 인기발군이며 책임감이 강한 스타일이다. 극장판 중 미국에서의 라이브에서 센터를 맡으며 다시 한 번 작중 비주얼 담당임을 인증! 라이브 초반 부분에서 머리를 돌리는 장면에서 팬들이 쓰러졌다는 후문이 있다고 한다.

아야세 에리
CV : 난죠 요시노
17세

출처 | 러브라이브 공식홈페이지

토죠 노조미   CV : 쿠스다 아이나/17세

토죠 노조미
CV : 쿠스다 아이나
17세

출처 | 러브라이브 공식홈페이지

사투리가 섞인 독특한 말투를 쓰는 게 매력 포인트. 느긋함이 있어 모든 멤버 중 정신연령은 가장 높다고 생각이 들게끔 하는 캐릭터이다. 팬들 사이에선 영원히 고통 받는 노조미라고 하지만 프로젝트 초창기엔 굉장히 인기가 많았던 캐릭터라고 한다.

■ 세가에서 발매된 토죠 노조미 피규어

야자와 니코   CV : 토쿠이 소라/17세

■ 세가에서 발매된 야자와 니코 피규어

니코니코니~를 유행시킨 장본인!!!

'니코'란 일본어로 싱글벙글이라고 하며 아버지가 지어주신 이름과 인사법 덕분에 유명인사가 된 캐릭터다. 아이돌을 목표로 밤낮으로 노력하는 아이돌 오타쿠이기도 하다. 아이돌을 노리는 호노카 일행에게 잘난 듯 한 태도를 취하는 경우도 종종 있다고 한다. 눈여겨볼 캐릭터다.

야자와 니코
CV : 토쿠이 소라
17세

출처 | 러브라이브 공식홈페이지

니시키노 마키

CV : Pile/15세

노래도 잘 부르고 피아노까지 치는 대망의 1학년!

특유의 배짱으로 상급생과도 강한 태도로 논쟁하는 당돌한 면이 있는 캐릭터. 부모님이 종합병원을 경영하고 있는 아가씨로, 한 마디로 금수저라고 말할 수 있다.

■ 세가에서 발매된 니시키노 마키 피규어

코이즈미 하나요

CV : 쿠보 유리카/15세

자신감이 부족하고 무엇을 하려 해도 포기해버리기 십상인 그녀. 학급 내에서도 그다지 눈에 띄지 않으며 흰 쌀밥을 좋아하는 게 특징이다.

■ 세가에서 발매된 코이즈미 하나요 피규어

호시조라 린

CV : 이이다 리호/15세

체육계로 언제나 밝은 성격에, 끙끙 고민하기보다 몸을 움직이는 타입!

재밌어 보인다는 이유로 아무 것에나 참가해버리는 대책 없는 그녀, 호시조라 린.

2기에서는 분량이 확 늘게 되면서 인기도 마찬가지로 폭풍상승!

■ 세가에서 발매된 호시조라 린 피규어

러브라이브하면 노래가 빠질 수 없다. 캐릭터 각각의 개성과 스토리, 성격 등만으로도 인기 요소들은 수두룩하지만 그런 그녀들이 다 같이 부르는 노래여서 그런지 이들의 노래가 특히 사랑받는 게 아닐까 싶다. 러브라이브에 별관심이 없는 사람도 어느 날 우연히 러브라이브 노래를 듣고 입덕하게 된다는 사례도 굉장히 많다는데. 그러니 우연히 이 노래를 들으면 조심해야 한다. 그냥 바로 입덕의 길로 빠져들게 될지 모르니…

출처 | 러브라이브 공식홈페이지

1집, 우리들의 live 너와의 life를 시작으로 현재까지 꾸준히 정규앨범, 싱글, 유닛까지 발매하며 활발한 활동을 하고 있다. 웬만한 인기 가수들보다도 더욱 인기가 많은 사이버소녀 아이돌들이다. 심지어 대규모 공연장에서 3D 입체로 그녀들의 영상이 나오는 공연까지 한다고 하니 놀랍지 않은가? 그런데 더욱 놀라운 건 매 공연마다 조기 매진에, 공연 중 너무 쫓아가다가 쓰러지는 사람들이 속출하기까지 한다고 하니 가히 그 인기를 실감하지 않을 수 없으리라.

마키 & 린 듀오의 곡

START: DASH!

Beat in Angel, 많은 사랑을 받은 곡 중 하나이며 빠른 비트와 화려한 안무가 잘 어우러지는 곡이다. 그래서인지 이 곡의 안무를 좋아하는 팬들도 많은 것은 물론 이들의 안무를 따라하며 즐기는 입덕들까지 있다고 한다.

애니메이션에서 3화에서는 3인 체제로, 13화에서는 9인체제로 총 두 번에 걸쳐 공연된 〈뮤즈〉의 대표곡이라고도 할 수 있다. 이것만 봐도 이들은 실제 그룹들처럼 9인 그룹으로 활동도 하고 미니 그룹을 형성해서 활동도 하니 정말 기발하다고 할 수밖에 없다. 피아노연주, 리코더 연주 등 팬들이 직접 연주하여 올리는 영상도 굉장히 많다. 그 만큼 많은 대중들에게 사랑을 받는 곡이라고 할 수 있다.

자, 여기까지!

러브라이브에 대해 간단히 소개했다. 아마도 러브라이브 얘기를 읽어보고 급관심이 생기는 독자들이 있을 것이다. 그럼 한번 그들의 공연 또는 애니메이션 보는 것을 적극 추천한다. 단, 입덕하게 되는 것에 대해 책임을 져드릴 수는 없으니 이점 참고하시고 보시길 바란다.

이 외에도 일본에는 수많은 미소녀 시리즈들이 있으니, 그중 몇몇 미소녀 피규어 제품들을 소개하겠다.

Kidult Book
Figure

07 널 빼놓을 순 없지! 드래곤볼

드래곤볼Z 초조집 궁금하지 말입니다!

오랫동안 꾸준히 사랑받고 있는 드래곤볼! 드래곤볼Z 초조집에 대해 알아봅시다~

찾아라~ 드래곤볼~!

안 본 사람은 있어도 한 번만 본 사람은 없다는 전설의 드래곤볼!

수많은 드래곤볼 피규어 시리즈 중에서 특히 인기가 많으며 가성비가 뛰어난 드래곤볼Z 초조집 시리즈에 대해 알아보겠다.

> 드래곤볼은 《주간 소년 점프》에서 1984년 51호부터 1995년 25호까지 약 10년 동안 연재한 만화이다. 드래곤볼 7개를 모으면 어떤 소원이라도 이루어준다는 드래곤볼과 손오공의 이야기로, 우주에서 비행체에 실려 날아온 어린 손오공이 성장해가면서 수많은 모험과 수련을 하며 동료들을 만나 악당들을 해치우는 스토리. 오랫동안 꾸준히 사랑받는 작품으로 가히 원피스급에 해당되는 만화 시리즈라고 볼 수 있다.

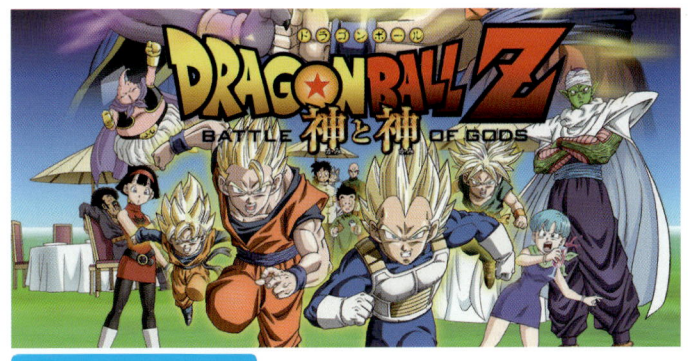

출처 | 드래곤볼Z 공식홈페이지

현재는 애니메이션을 통해 스토리가 진행되고 있으며 할리우드에서는 실사 영화로 제작되기도 했다.

■ 네이버 영화 이미지 참조   출처 | 네이버 영화 이미지 참고

■ 드래곤볼Z 애니시리즈   출처 | 드래곤볼Z KAI 공식홈페이지

Stop! 여기서 잠깐

드래곤볼을 보려는데 시리즈가 너무 많아서 어떤 것부터 봐야할지 모르겠다는 분들을 위해 적어본다.
드래곤볼을 순서대로 보는 꿀팁 소개!
드래곤볼 오리지널 편 → 드래곤볼 Z 1~288화 → 드래곤볼 초(슈퍼) → 드래곤볼Z 289화~291화 → 드래곤볼 GT
위 순서대로 봐야 내용이 이어지니 위 순서를 기억하자!
참고로 드래곤볼 카이는 드래곤볼 Z를 다시 그려낸 것이라 Z를 보나 카이를 보나 상관은 없다. 그러니 둘 중 하나만 봐도 무관하다.

그럼 이제 드래곤볼 피규어를 알아보자!!!

1. 드래곤볼Z 초조집 시리즈

시리즈 제품 모두 드래곤볼Z 오프닝 마지막 장면에서 다 같이 서 있는 모습으로 연출이 되었다고 한다.

■ 드래곤볼Z 초조집 시리즈

■ 드래곤볼Z 오프닝 마지막장면에 다 같이 서 있는 모습

Dragon Ball ★ 베지터

가장 먼저 출시된 베지터!

드래곤볼의 등장인물로 행성 베지터의 왕자이며 손오공의 라이벌이다. 악당인데 왠지 미워할 수 없는, 애증이 생기는 캐릭터다.

오른쪽은 박스의 모습이다. 만화책 표지 같은 선명한 색감이 돋보인다.

그런데 어딘가 고독하고 쓸쓸해 보인다. 베지터하면 2인자, 카리스마, 고독함, 유아독존… 등의 수식어가 떠올라서일까?

쓸쓸해 보이는 점이 더 멋지게 느껴지는 이상한 캐릭터다. 특히 저 누구든 마음에 안 들어 하는 눈빛. 그래 나 2인자다 하는 것 같은 느낌이다. 언제나 한 발 앞서있는 손오공 때문에 괴로움과 시기와 질투로 고군분투하는 베지터. 그런 질투의 레이저를 쏘는 날카로운 눈빛이 상당히 잘 표현된 피규어다. 또한 삼자이마와 미간 W자를 보면 원작의 느낌을 그대로 살려내어 얼굴 묘사를 했다는 인상을 주기도 한다.

14cm 정도의 크기로 훌륭한 비율을 가졌다. 개인적으로 원작만화의 캐릭터 느낌을 가장 잘 살린 제품 중 하나라고 생각이 든다.

■ 반프레스토 경품 초조집시리즈 베지터

■ 반프레스토 경품 초조집시리즈 베지터

Dragon Ball ★ 트랭크스

15cm 정도의 크기, 정적인 자세, 적당한 넓이의 발 받침대. 퀄리티며 가격이며 어느 것 하나 빠질 게 없다. 시대를 앞서간 보라색 투블럭 헤어스타일과 배바지가 잘 어울리는 사나이!! (실제로 애니메이션이 방영될 당시 트랭크스가 인기 많았던 이유 중 하나였다고…)

프리저와 대결 당시 프리저를 물리친 검을 어깨에 메고 있다. 인상을 쓰고 있어서인지 미간에 W자가 똬~악~!! 드래곤볼의 꽃미남 대표자답게 잘생긴 얼굴로 제작되었다.

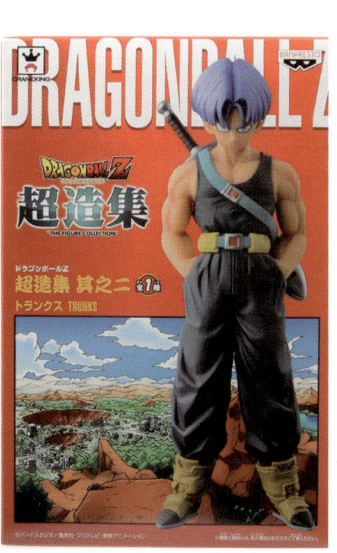
■ 반프레스토 경품 초조집시리즈 베지터

■ 반프레스토 경품 초조집시리즈 트랭크스

Dragon Ball 손오공 ★

세번째로 공개된 손오공!!

눈이 약간 몰린감이 없지 않아 있지만 드래곤볼 오프닝 그 자세 그대~로 크기도 적당하고 자세도 심플하며 2만 원 대로 가성비가 매우 좋은 제품이다.

옆으로 보나 뒤로 보나 반프레스토 제품은 가성비가 뛰어나며 고퀄리티로 피규어를 제작한다는 느낌이 물씬 들게 한다. 그래서 그런지 요즘은 반프레스토라는 제조회사가 그냥 좋다.

'드래곤볼하면 손오공'인만큼 드래곤볼을 재미있게 본 사람이라면 하나쯤 소장해도 좋을 것 같다. 물론 초조집을 다 모으면 막강 드래곤볼Z 전사가 완성되니 그

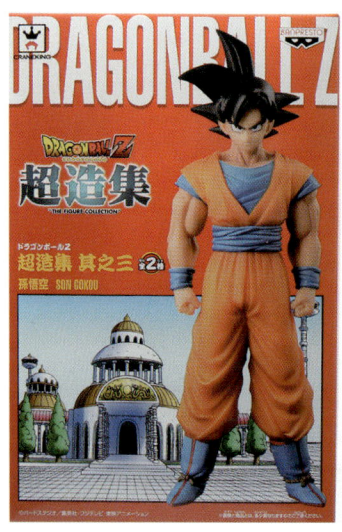

■ 반프레스토 경품 초조집시리즈 베지터

것 또한 수집욕을 자극하는 이유가 될 듯하다. 주인공을 사면 그의 동료들을 사게 되고 그 다음엔 악당들과 조연들을 사게 되니, 피규어 회사에 놀아나는 느낌도 들지만 그 생각보단 사서 모아놓고 보면 그 뿌듯함은 이루 말할 수 없을 것. 이 재미에 이런 취미를 갖게 되는 것 아닌가? 이렇게 모인 피규어들을 보면 애니메이션의 장면이 생각나고… 그래서 그 어떤 취미보다도 이쪽 취미는 정말 끊기가 어렵다. 피규어 수집을 하는 사람들을 보면 꽤 오랜 기간, 보통 10년 아니 그 이상으로 수집하는 이유가 여기에 있다.

팔근육 표현도 잘 되어 있고 신발의 디테일도 잘 나와준 것 같다. 바지 주름까지도 섬세하게 표현해주었으니.

Dragon Ball 크리링 ★

역시나 다른 제품들과 마찬가지로 디테일과 색감이 눈에 띈다. 지갑 열리는 소리가 나게 만드는 비주얼이다. 이런 비주얼이라면 지갑 좀 살짝 열어주자!

마치 기원참을 날려야 할 것 같은(?) 눈빛으로 기서~언 제압!

손오공과 같은 시기에 출시된 크리링. 함께 세워보니 좀 작아 보인다. 애니에서도 크리링이 원체 작게 나오니 피규어가 작다고 속상해하지 마시라. 크리링의 날카로운 눈빛에 터프함까지 더해져 하나만 살 순 없을 것 같은 세트 포스다. 결국 두 개 모두 사라는 제작회사의 무언의 외침인 것이다. 정말 피규어 제작회사들의 상술은… 알면서 사고 모르면서 사게 되는…

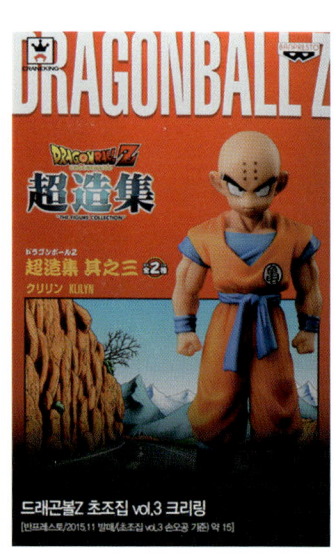

드래곤볼Z 초조집 vol.3 크리링
[반프레스토/2015.11 발매/초조집 vol.3 손오공 기준/약 15]

Dragon Ball ★ 손오반

다음은 vol.4 손오반!

드래곤볼 하면?! 손오공!

손오공하면 그의 아들 손오반~

손오공의 첫째 아들로, 손오공 가문의 장남이며 손오공의 할아버지 손오반의 이름을 물려받았다. 어릴 적부터 어머니 치치의 과열 교육으로 얌전하게 자랐으며 덕분에 머리가 상당히 좋다. 요즘말로 엄친아인 셈. 어느 날 사이어인의 습격 이후로 수많은 싸움을 거쳐 당당한 Z전사의 일원으로 성장하게 된다. 역시 핏줄은 못 속인다!

이 버전은 사이즈가 좀 작고 가벼운 감이 없진 않지만 그래도 어린 손오반의 모습이 매우 잘 표현된 듯해서 개인적으로 참 좋아하는 제품이다.

확대해서 본 얼굴만 봐도 잘 만들어진 피규어라는 걸 알 수 있다. 진지한 저 표정, 하지만 귀엽다는 게!

크리링과 마찬가지로 손오반도 원래 좀 작으니 피규어가 애니메이션에서와 같이 작은 것도 사실적으로 묘사했구나 하고 이해해야 한다.

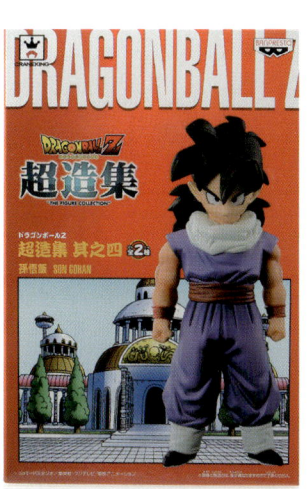
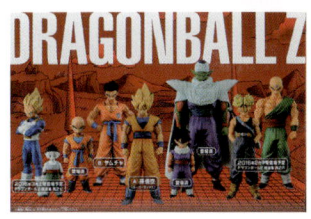

Dragon Ball ★ 피콜로

손오반과 같이 발매된 피콜로

츤츤한 매력의 피콜로 아저씨!

타인을 구하기 위해 자신을 희생하는 캐릭터들 중 가장 유명한 인물이다. 보통 '피콜로'라고 칭하고는 있지만 엄밀히 따지자면 피콜로 대마왕과 그 2세인 마쥬니어로 나뉜다. 칭호까지 붙여서 '피콜로 대마왕'이라고 부르는 것이 일반적이지만 사람들이 그냥 '피콜로'라고 부를 경우 지칭하는 존재는 2세인 마쥬니어이다. 처음 등장했을 때는 매우 충격적으로 인상적인 포스를 내뿜으며 악역으로서 데뷔했다가 이후 선한 역을 하면서 더욱 인기가 많아진 캐릭터. 드래곤볼 시리즈에서 주인공인 손오공을 죽인 강적은 셀과 피콜로 밖에 없을 정도로 강한 캐릭터이며 그만큼 존재감이 높은 캐릭터이기도 하다.

이번 초조집에서는 손오반과 나란히 출시되었다. 선한 피콜로 아저씨의 이미지가 물씬 풍기는 모습으로, 손오반의 둘도 없는 스승님. 내퍼의 공격에서 손오반을 지키기 위해 자신의 목숨을 잃었을 때의 피콜로의 모습은 잊을 수 없는 명장면이다. 아마도 많은 드래곤볼 애독자들이 이 장면에서 눈물을 흘렸으리라 생각된다.

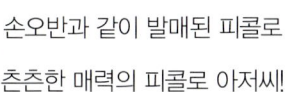

여기서 끝이 아니다. 드래곤볼Z 초조집 초사이언버전 도 있다.

추가된 캐릭터와 초사이언 버전의 모습으로 드래곤 볼 덕후들의 심장을 지진 냈다는 후문이 들릴 정도. 그만큼 피규어 제품을 잘 뽑아내 주었다.

초조집 드래곤볼 시리즈 크기비교

■ 일본에서 경품피규어 드래곤볼 홍보사진

2. 그 외 드래곤볼 피규어

■ 드라마틱쇼케이스 드래곤볼 손오공

■ 반프레스토 조형천하 드래곤볼 피규어

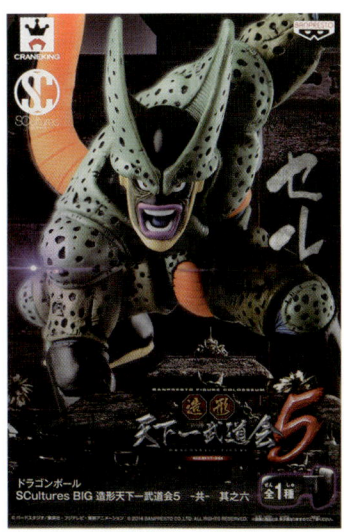
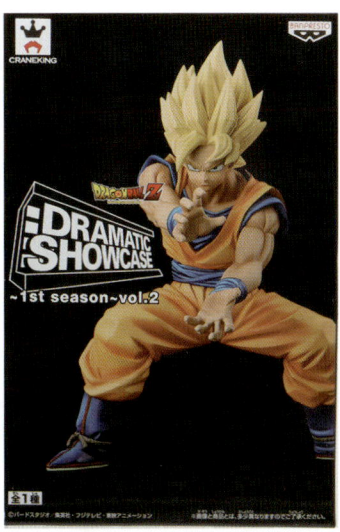
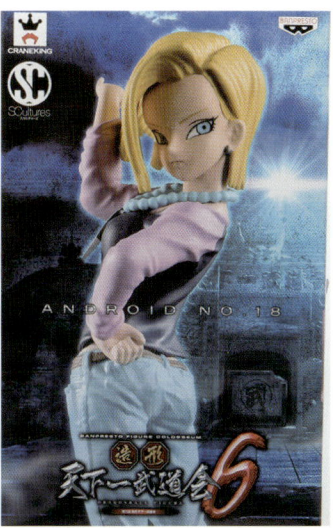

■ 반프레스토 조형천하 드래곤볼 피규어   ■ 드라마틱쇼케이스 드래곤볼 손오공   ■ 그 외 드래곤볼 피규어 안드로이드 인조인간18호

■ 그 외 드래곤볼 피규어 부루마

드래곤볼도 인기 애니메이션 중에서도 특히 추억을 자극하는 소재라 마니아도 많아서 꾸준히 피규어로 발매되고 있다! 드래곤볼 칠성구를 모으듯 피규어를 모아보면 멋진 드래곤볼 라인을 구축할 수 있으리라 생각한다.

내 기억에 드래곤볼은 정말 최고의 만화 중의 하나이다.

Kidult Book
Figure

08 가챠퐁? 트레이딩? 이게 뭔말이지? 피규어의 종류에 대해

피규어는 재료부터 크기, 가격, 판매방식까지 다양한 기준으로 분류가 된다. 그럼 한 번 차근차근 살펴보자.

1. 개라지키트(레진캐스트와 소프비키트)

레진캐스트와 소프비키트는 미도색, 미조립 상태의 피규어를 말한다. 그래서 도색과 조립을 직접 하기 위해 키트를 구매해야 한다.

레진캐스트와 소프비키트 같은 경우에는 제작에 필요한 도구도 많이 필요할 뿐더러 스킬을 익히는 데에도 오랜 시간이 걸리기 때문에 어느 정도의 경력이 필요하다. 만들 시간이 없고 돈의 여유가 있다면 모델러에게 직접 의뢰를 하는 것도 좋은 방법이다.

그렇다면 레진캐스트와 소프비키트의 차이는 무엇일까? 바로 재질의 차이다. 레진은 단단한 재질로 되어 있는 반면 소프비키트는 약간 무른 플라스틱 재질로 되어 있다. 참고로 도색과 조립이 이미 완료된 완성품으로 판매되는 레진 제품들도 있다.

■ 왼쪽이 도색이 안 된 레진캐스트이고 오른쪽은 필자가 도색한 레진 도색 제품

■ 레진캐스트 키트

■ 레진캐스트 키트를 개봉하면 사진에서처럼 도색이 안 된 상태의 키트와 간단한 설명서가 들어있다.

■ 개라지키트 박스내부

2. 콜드캐스트

콜드캐스트는 완성품 레진캐스트라고 생각하면 된다. 퀄리티와 도색상태가 고퀄리티를 자랑하는 만큼 가격도 비싼 편이다. 저렴한 건 15만 원부터 시작해 천 만 원대가 넘는 제품들까지 다양하다. 가격도 가격이지만 넓은 공간이 확보 되어야 수집 라인이 가능하다.

■ 낭만당에서 발매된 악당로봇 콜드캐스트 제품

■ 메디코스에서 발매된 마징가 콜드캐스트 제품

■ 마징가 SD스타일 콜드캐스트 제품

■ 진게타 레진캐스트를 도색한 제품

 **여기서 잠깐**
레진캐스트와 콜드캐스트가 헷갈릴 때면 레진캐스트는 부품, 콜드캐스트는 완성형 통제품, 이렇게 생각하면 아주 간단하게 정리된다.

3. 다이캐스트

금형에 금속재료를 녹여 강한 압력으로 쏘아 넣는 특수주조를 말하며 온도와 압력에 크게 작용한다. 알루미늄합금이나 구리합금 등의 무른 금속이 주재료로 사용되며 플라스틱 분말이나 겔상태의 플라스틱을 고압 압축하는 경우도 있다. 다이캐스트는 정밀한 제품의 성형이 가능하다는 게 가장 큰 장점이다. 하지만 공정도 복잡할뿐더러 형틀의 수명이 길지 않아서 수량이 한정적이며, 재료가 비싸기 때문에 제품의 가격도 높은 편이다.

금속재료 특유의 광택으로 자동차나 오토바이, 로봇 등 실제 제품과 거의 흡사한 모양으로 제작이 가능하다.

■ 코나미 제조사에서 출시된 다이캐스트 그렌라간

■ 핫토이에서 출시된 다이캐스트 아이언맨 마크42

■ 반다이에서 출시된 다이캐스트제품 보스보롯

■ 다이캐스트 비행기제품

4. PVC

PVC는 대체로 저렴하고 가벼운 재질을 사용하지만 열이나 충격에 의해 쉽게 변형되고 정밀한 표현이 힘들다는 단점이 있다. 하지만 현재 생산되는 PVC 제품들은 레진과 같이 금형에 재료를 넣는 소프트캐스트 성형으로 변경되어 세밀한 표현은 물론 대량생산이 가능하게 되었다. 그래서 저렴한 가격대의 피규어도 요즘은 퀄리티가 너무 좋아졌다. 일본에서는 따로 표시가 되어 있지 않으면 전부 PVC 제품이라고 할 정도로 우리가 흔히 아는 피규어 대부분이 이 재질로 만들어졌다고 생각하면 된다.

■ PVC 그레이트마징가 제품

■ 왼쪽이 다이캐스트 초합금혼 그레이트 마징가, 오른쪽이 PVC 그레이트마징가 제품

■ pvc 소재로 만들어진 피규어 제품

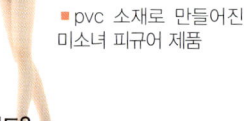
■ pvc소재로 만들어진 철인28호 트레이딩 피규어 제품
■ pvc 소재로 만들어진 미소녀 피규어 제품

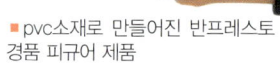
■ pvc소재로 만들어진 반프레스토 경품 피규어 제품

5. 초합금

초합금과 다이캐스트는 어떻게 보면 같은 재질이지만 반다이에서 나오는 다이캐스트 재질의 제품군을 칭하는 브랜드라고 보면 된다.

피규어샵에 가면 초합금 슈퍼로봇이 크게 눈에 띈다. 말 그대로 약간의 합금을 사용하여 제작하는 방식으로 묵직~한 무게감과 우수한 퀄리티를 자랑한다. 들어보면 묵직한 손맛에 그냥 반하게 된다. 하지만 합체를 하다보면 기스가 쉽게 생기기 때문에 긁힘에 약하다는 게 단점이다. 초합금 합체 로봇인 경우 주의해서 합체를 하도록 하자!

■ 신세기합금에서 발매된 초합금 암흑대장군 제품 박스

■ 신세기합금에서 발매된 초합금 암흑대장군 박스 내부를 보면 이렇게 구성되어 있다.

■ 반다이에서 발매된 초합금 철인28호

■ 반다이 초합금 미네르바

■ 반다이 초합금 볼테스V

- EX합금 게타드래곤
- EX합금 게타라이거
- EX합금 마신 삼형제
- 반다이 초합금 그랜다이저 블랙
- EX합금 게타포세이돈
- EX합금 게타드래곤
- 슈퍼로봇초합금 가오가이가

6. 폴리스톤

폴리레진으로도 불리는 폴리스톤은 콜드캐스트와 같은 성분이지만 화학첨가물 면에서 비율의 차이가 있다. 콜드캐스트에 비해 내구성과 가공성은 좀 떨어지지만 저렴한 편이다. 주로 도색이 완료된 완성형 제품으로 나온다. 다음에 다룰 스태츄도 대부분 폴리스톤의 재질을 사용한다.

■ 폴리스톤 재질로 만들어진 터미네이터

7. 스태츄

스태츄, 많이 들어보았을 것이다. 스태츄는 관절 없이 움직일 수 없고 받침대 위에 단순히 서있는 형상의 조립이 불가한 완성형 피규어다. 가격은 퀄리티와 크기에 따라 천차만별이다. 크기는 보통 1/10, 1/8, 1/6 순으로 나뉘는데 1/1(등신대) 사이즈에 가까워질수록 가격이 올라간다. 보통 20~30cm 정도의 1/6~1/8 크기가 인기가 많은 편. 스태츄 피규어가 유명한 곳으로는 일본의 굿스마일과 메가하우스가 있고 우리나라 키덜트분들에겐 사이드쇼 제품이 많이 알려져 있다.

■ 사이드쇼에서 발매된 스타크래프트 마린 스태츄

■ 스파이더맨 스태츄

■ 모노노케 히메(원령공주) 스태츄

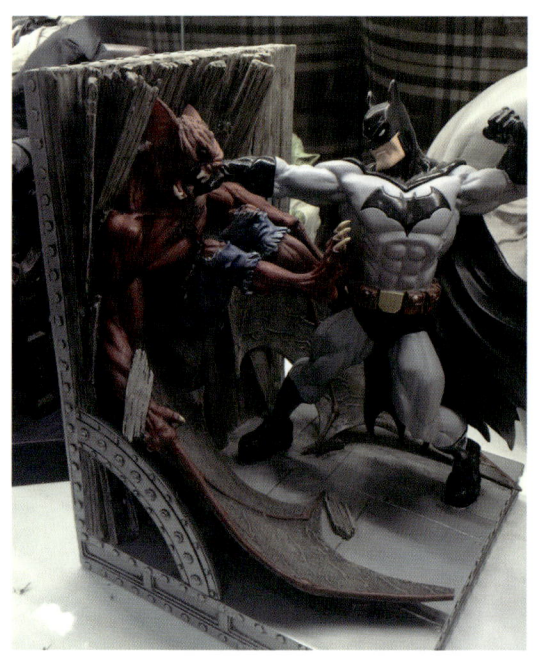

■ 배트맨 스태츄   ■ 슈퍼맨 스태츄

■ 붉은 돼지 스태츄   ■ 사이드쇼 아이언맨 스태츄와 태륜의 태권브이 흉상

■ DC코믹스 히어로즈 스태츄   ■ 일본의 어느 가게 앞의 내일의죠 1:1 라이프 사이즈 스태츄

■ 일본 오다이바에 있는 어느 가게 앞의 원피스 1:1 스태츄

■ 일본의 어느 한 피규어샵 앞에 전시된 마징가 라이프사이즈. 현재 시판중인 제품이다. 가격이 보이실 것이다. 321,840엔으로 우리나라 돈으로 계산하면 대략 380만원. 그보다도 가져오는 것이 더 큰 문제…

8. 구체관절인형

줄여서 구관이라고도 불리는 구체관절인형은 공모양의 관절로 사람처럼 관절을 움직일 수 있는 제품이다. 구체관절인형의 디테일함과 실물매력에 매니아 층이 두텁기로 유명하다. 여성분들이 이 제품에 빠지게 되면 지갑이 거덜나는 건 한 순간이라고 할 정도, 치명적인 매력과 고가의 가격을 지니고 있다. 남자가 이 제품을 보면 왜 좋아하게 되는지는 저절로 고개가 끄덕여진다. 필자도 한번 수집 해 보고픈 영역이니.

■ 일본의 구체관절인형 전문샵 내에서

Figure
Kidult Book

저렴한 것은 20만 원부터 몇 백만 원 단위까지 나가며 여러 면에서 정말 쉽게 다가갈 수 없는 피규어 라인이다. 구체관절인형의 우레탄 재질 특성상 자유로운 변형이 가능하기 때문에 각종 도구를 이용하여 원하는 모습으로 커스텀 할 수 있다는 게 큰 매력이다.

■ 구체관절 인형

■ 구체관절 인형

9. 액션 피규어

액션 피규어는 관절을 이용하여 여러 가지 액션을 취할 수 있는 피규어다. 여성에게 사랑받는 라인 중 하나가 구관이라면 남성에겐 역시 액션 피규어라고 할 수 있겠다.

몇 년 전까지만 해도 인간형 액션 피규어의 경우에는 사람의 근육이나 옷까지 표현하는데 한계가 있어서 디테일이 떨어졌고, 여성형 피규어는 관절이 보이면 흉해 보이기 때문에

■ 12인치 로보캅 핫토이제품

■ 12인치 터미네이터 핫토이제품

대중화가 이루어지지 않았다. 하지만 최근 3, 4년 전부터는 기술이 급속도로 발전하면서 여성형 피규어뿐만 아니라 고퀄의 액션 피규어도 대거 나오기 시작했다. 특히 근래에 나오는 액션 피규어 중에서는 핫토이에서 출시된 제품 중 아이언맨의 토니스타크를 보면 이건 뭐 사람이다 싶을 정도로 놀랍다. 그래서 국내 키덜트들 사이에서는 특히 12인치(실물의 1/6 사이즈) 액션 피규어가 많은 인기를 끌었으며 그 중에서도 핫토이 제조사가 액션 피규어 12인치 시장을 선점하다시피 하고 있다.

■ 12인치 액션 피규어 마블시리즈

■ 12인치 액션 피규어 아이언맨 시리즈

10. 넨도로이드

이 피규어에서 보듯 치명적인 귀여움이 가장 큰 특징이다. 넨도로이드란 이름만 들어도 왠지 귀엽다. 콜렉터들 사이에서는 악마의 인형이라고도 불린다는 넨도로이드! 사실 넨도로이드는 종류라기보다는 굿스마일 컴퍼니에서 나온 브랜드다. 시리즈나 캐릭터 단체로 발매되는 경우가 많기 때문에 하나를 사면 계속 사게 된다. 애니메이션이나 만화책을 본적이 없어도 비주얼이 워낙 깜찍하여 안 살 수가 없다. 10cm 정도로 작은 크기이지만 무시할 수 없는 매력에 많은 사람들에게 사랑을 듬뿍 받는 시리즈다.

출처 | 굿스마일 넨도로이도 제품 중에서

■ 미소녀 넨도로이드

출처 | 굿스마일 넨도로이도 제품 중에서

■ 넨도로이드 아이언맨 / 토니스타크

11. 트레이딩 피규어

불투명하고 조그만 상자 안에 랜덤으로 피규어가 들어있는 제품으로 뜯어보기 전까진 절대 알 수가 없다. 그래서 더 알고 싶어진다. 이글을 읽는 독자들도 추후에 그럴 때가 올 것이다.

트레이딩 피규어는 주로 큰 박스 안에 작은 박스가 여러 개 들어있어서 그 안에 있는 제품을 구입하는 개념이다. 단품으로 제품을 구입하면서 중복되거나 없는 제품들을 서로 교환하였다고 해서 트레이딩 피규어라고 불리기 시작했다. 필자는 피규어 수집을 하면서 이런 내용들이 정말 좋았다. 서로 겹치지 않는 것들을 교환 하면서 뭐랄까, 수집의 교환우정이라고 해야 할까? 트레이딩 피규어, 그 명칭만으로도 따뜻한 감정이 느껴지지 않는가?

뜯기 전까지 알 수 없기 때문에 설렘을 느낄 수 있지만 그만큼 고통스럽기도 하다. 만약 이것이 싫다면 좋은 방법이 하나있다. 박스를 통째로

■ 트레이딩 피규어

출처 | 애니 캐러 히어로즈 제품 중에서

> **Stop! 여기서 잠깐**
> **트레이딩 피규어의 특징**
> 장점: 아담한 사이즈로 저렴한 가격대에 가볍게 구매할 수 있다.
> 단점: 랜덤인만큼 희귀한 캐릭터를 가지고 싶거나, 전부 모으고 싶다는 강한 충동욕구를 불러일으킬 수 있다.

사면된다. 그럼 종류별로 모두 모을 수 있다. 그런데 일반적인 트레이딩 피규어는 보통 6~10종 세트인데 무지막지한 것들이 있다. 예를 들면 베어브릭시리즈가 그렇다. 베어브릭시리즈는 보통 1탄, 2탄 이런 식으로 발매되는데 각각의 시리즈들의 발매 개수는 무려 192개로 굉장한 양이다. 자기가 원하는 것을 얻기 위해서는 수많은 돈을 투자해 랜덤으로 뽑든가, 24개짜리 1박스를 무려 8박스를 사서 얻든가 해야 하는 어마 무시한 트레이딩 피규어 시리즈다. 그러므로 베어브릭을 뽑을 땐 마음을 비우길 바란다.

■ 베어브릭 100%사이즈

■ 아이언맨 베어브릭 400% 사이즈

12. 가샤폰, 가챠폰, 가챠퐁

요즘 다시 떠오르고 있는 가샤폰!

반다이에서 출시한 제품으로 가챠퐁, 가챠폰 등 여러 이름으로 불린다. 다들 어렸을 때 한 번씩 해보았을 것이다. 문구점 앞에서 100원 넣고 돌리면 장난감이 들어있는 캡슐을 뽑았던 바로 그 뽑기! 일명 캡슐토이라고도 한다, 디테일이나 퀄리티에서는 약간 떨어지지만 아담한 사이즈와 다양한 종류, 거기에 뽑는 재미까지 있어 요즘 다시 주목받고 있다!

왜 가챠퐁일까? 동전을 넣고 뽑기 기계로 돌릴 때 나는 소리가 일본인들 귀에 가챠가챠처럼 들린다고

■ 가챠퐁 제품은 사진처럼 플라스틱 캡슐 안에 들어있다.

해서 '가챠'와 피규어가 들어 있는 플라스틱 구슬모양이 나 오면서 퐁 하고 떨어진다고 해서 '퐁', 합쳐서 가챠퐁으로 불리게 된 것이다.

정말 재밌지 않은가? 필자는 가챠퐁과 트레이딩 피규어 얘기를 접했을 때 신기하고 즐거웠다.

정말 피규어에는 재미있는 이야기들이 수두룩하다. 그래서 이 취미를 즐기는 사람들이 모이면 밤새 얘기해도 시간이 부족하다. 필자도 피규어 얘기로 밤을 새웠던 적이 많았으니 말이다.

■ 위 가챠퐁으로 뽑은 가챠퐁 마징가 시리즈

13. 경품 피규어

프라이즈 피규어라고도 불리는 경품 피규어! 크레인게임이나 밀어내기 떨어뜨리기 등 여러 스타일의 기계에 들어있는 피규어를 말한다. 대표적으로 반프레스토에서 나오는 제품들이 있다. 이 제조사의 경품시리즈들이 국내에서는 가성비 피규어라고 불리며 많은 사람들에게 사랑받고 있다. 초창기에는 일반 PVC피규어 보다는 퀄리티가 다소 떨어졌지만 지금은 다른 피규어들에 뒤지지 않는 퀄리티를 자랑하고 있다. '이 가격에 이런 퀄리티와 크

■ 일본에서 발매 전의 경품 피규어 전시 중

기라니?' 라는 소리가 그냥 저절로 나올 정도. 참고로 국내와 달리 일본에서는 거리마다 게임장 또는 쇼핑몰 등 사람들이 많이 다니는 곳이라면 어디서든 쉽게 크레인게임기기를 볼 수 있다. 그 앞에는 항상 많은 사람들이 서있고 크레인게임기기 안에는 멋지고 예쁜 피규어들이 다양하게 들어있으니 그걸 보고 어찌 그냥 지나칠 수가 있으랴!

■ 원피스 경품 피규어　출처 | 반다이 제품 중에서

14. 동봉한정 피규어

책이나 DVD, 게임 등에 같이 동봉되어 나오는 피규어를 동봉한정 피규어라고 부른다.

안타깝게도 계속해서 생산을 할 수가 없기 때문에 초회한정 등의 형태로 판매가 되고 있다는 게 특징이다. 그래서 이런 제품 중 일부제품은 프리미엄이 엄청 붙기도 한다.

■ DVD동봉한정 마징카이저스컬 피규어. 이 제품 역시 프리미엄이 꽤 붙었다.

15. 응모한정 피규어

책이나 DVD 등에 들어있는 응모권으로 응모를 해야 받을 수 있는 피규어.

응모권만 보내도 되는 경우가 많지만 이벤트에 따라서 응모 후 추첨을 통해 선발해서 주는 경우도 있다고 한다. 그런데 재미있는 것은 당첨이 되어도 피규어 금액과 배송비가 따로 계산 된다는 점이다. 이런 부분은 국내정세에서 볼 때 뭔가 볼멘소리가 나올 법도 하다. 기껏 힘들게 당첨됐는데 돈 주고 사라니. 그러니 혹여나 일본사이트에서 응모해서 당첨됐다고 너무 좋아하면 안 된다. 절대 공짜가 아니라는…

■ 응모한정 피규어

16. 식품완구(식완)

마지막으로 식품완구 피규어를 알아보자. 줄여서 식완이라고도 하고 캔디완구라고도 한다. 주로 사탕이나 과자, 초코렛 등과 함께 판매가 된다. 우리가 흔히 알고 있는 킨더조이도 식완이라고 할 수 있다. 한국과는 달리 일본에서는 상당히 많은 종류의 식완이 판매되고 있다. 대표적으로 에그몽과 비슷한 초코에그나 초로큐, 런치 시리즈 등이 있다. 재미있는 것은 국내의 식완에는 보통 먹거리가 어느 정도 들어있으며 이와 함께 비교적 낮은 퀄리티의 아동용 피규어가 들어 있지만, 반면에 일본의 식완에는 대게 퀄리티가 높은 피규어가 들어 있으며 식품이라곤 달랑 작은 껌이나 사탕 하나가 들어있다는 것이다. 그러니 일본에서는 먹을 것을 사면서 피규어도 생기네 라는 마음을 가지고 식완을 사게 되면 먹을 것에 실망하게 된다. 물론 예외는 있으나 대부분이 그렇다는 것이다.

■ 킨더조이 식품 완구. 왼쪽은 여자아이들이 좋아할만한 완구가 들어있고 오른쪽은 남자아이들이 좋아할만한 완구가 들어있다.

■ DVD동봉한정 마징카이저스컬 피규어. 이 제품 역시 프리미엄이 꽤 붙었다.

■ 원피스 식품완구

출처 | 반다이 제품 중에서

■ 일본의 식품완구(캔디완구)

Kidult Book
Figure

09 나만의 피규어

1. 나만의 피규어 도색이 정답?

프라모델/피규어를 좋아하는 사람들이 조립하고 수집하다 결국 손대게 된다는 마성의 매력을 가진, 프라모델, 레진캐스트 등의 피규어의 꽃이라는 도색에 대해 알아보는 시간을 가져보자. 워낙 이 분야에 전문가 분들이 많기 때문에 전문적인 내용보다는 처음 도색을 시도해보려는 초심자를 위한 작은 길라잡이 정도로 간략하게 적어보고자 한다.

01 프라이밍 단계(밑도장)

도색하기 전 피규어 본래의 색이 어두우면 그 위에 밝은 계열의 색칠을 하는 경우 그 본래의 색감이 제대로 살아나지 않는 경우가 많다. 이것은 피규어 본래의 색과 도료 색이 같이 섞인 상태가 눈에 보이게 되기 때문인데 이것을 방지하기 위해 미리 바탕색을 흰색이나 밝은 회색으로 한 번 칠해주고 기본색이 되는 도료를 그 위에 덧칠해서 본래의 색깔이 살아나도록 해주는 것을 밑도장이라 하고, 영어로는 프라이밍이라고 한다.

피규어에 생각해둔 이미지대로의 모형 색감이 나오게 하기 위해서는 가장 먼저 사포질과 밑도장 작업을 한다. 사포질을 하는 이유는 레진이나 건프라 등의 제품들을 밑도장 하기 위해서, 그리고 추후 만졌을 때 색감이나 촉감을 좋게 하기 위함이다. 이 작업이 그야말로 노가다 작업이다. 가루도 날리고 난리가 아니다. 사포질이 끝나면 세척을 하고 말리고 나서 비로소 밑도장 작업 – 일명 프라이밍 또는 서페이서 작업 – 을 한다.

■ 왼쪽이 프라이밍전 레진, 오른쪽이 프라이밍을 마친 상태의 레진

■ 프라이밍(서페이서)작업을 마친 상태. 하얗게~ 하얗게~

■ 프라이밍(서페이서)를 하기 전에 먼저 사포질을 하여 표면을 부드럽게 해준다. 그래야 나중에 도색 후 표면의 질감이 부드럽고 착색이 떨어져 나가지 않는다.

02 서페이서 / 프라이머

서페이서는 흠집을 메울 필요가 있는 표면 처리시 사용한다. 모형용 서페이서는 프라이머의 기능을 겸한 제품이 대부분이므로 스프레이 캔을 뿌리기만 해도 무관하다. 플라스틱용/레진, 금속용 두 종류로 나뉘며, 플라스틱용은 장착도는 평범하지만 폭넓은 소재에 사용할 수 있으며, 레진금속용은 해당 소재에 뿌리면 잘 벗겨지지 않지만 플라스틱 소재에 뿌리면 쉽게 벗겨진다.
프라이머는 흠집을 메울 필요가 있는 금속이나 표면처리가 끝난 소재에 사용한다.

그다음 피규어나 모형의 흠집을 메꾸거나 표면을 정리해주기 위해 서페이서나 프라이머를 이용해 표면처리 작업을 해준다. 표면 처리작업을 잘 해두면 더 좋은 색감과 결과물을 얻을 수 있다

드디어 나만의 색~!! 나만의 모형을 만들 수 있어 설렐 수 있으나 망하면 또다시 모형을 구매해야하는 사태가 일어 날 수 있다. 그런 불상사를 미연에 방지하기 위해 각 도료의 특성에 대해 알아보자.

에나멜도료

오랫동안 사용되어오던 도료로 건조 시간이 긴 편이고 완전히 건조된 후에는 잘 벗겨지지 않고 튼튼한 편이다. 붓도장에 적합하며 발색 상태도 좋다. 초보자들은 시너를 어느 정도 섞어 묽게 만들어서 바르면 붓자국이 잘 안 남아서 좋은 결과물을 낼 수 있다. 처음 도색을 하는 사람들이라면 에어브러쉬로 접근하는 것이 막연하고 어렵게 느껴질 수 있기 때문에 붓도색으로 먼저 시작해 보는 것도 좋은 방법이다.

03 도료(도색)

피규어나 프라모델 등 모형에 색을 입히는 작업으로 에나멜도료, 아크릴도료, 아크릴물감, 락카 등이 재료로 사용된다.
도색 = 도장

■ 도색을 용이 하게 해주는 에어브러쉬

아크릴물감

건조되기 전에 물 세척이 가능하며, 락카보다 건조 시간이 느리다. 포함된 유기용제가 작고 인화성도 거의 없으며 독성도 없기 때문에 초보자들이 사용하기에 매우 적합하다. 붓칠에 대한 자국이 적고 무광택 효과가 좋다. 특히 넓은 면적을 칠할 때 아주 유용하다. 종류로는 기본색, 형광색, 메탈릭계, 클리어계 등이 있다.

락카

국내와 일본에서 많이 쓰이는 도료 중 하나다. 합성수지 도료의 일종으로 주성분은 아크릴 수지이다. 빨리 마르고 발색도 좋으며 바른 뒤에는 도색된 피막도 튼튼한 편이다. 냄새가 독한 편이라 환기가 잘 되는 공간에서 작업해야하며, 인화성이 강한 제품이라 절대 화기 근처에서 작업하면 안 된다. 종류는 일반색, 펄칼라, 클리어계, 메탈릭계, 형광색, 메탈계 등이 있다.

그 외에도 유화물감, 특수도료 등이 있으며 각각의 도료는 전용희석제를 사용해야 한다. 그래야 각 도료의 특성을 잘 살릴 수 있기 때문이다. 참고로 한번 개봉한 도료는 그냥 뚜껑을 닫아놓고 쓰지 않으면 굳어버린다. 오랫동안 쓰지 않을 때에는 전용희석제를 조금씩 넣어서 보관하면 굳는 것을 방지할 수 있다.

■ 도색이 완성된 그랜다이저

04 시너(도색)
에나멜을 지울 때 사용한다. 대신 라이터 기름을 사용할 수도 있다. 또 에나멜을 묽게 해서 붓자국을 최소화시키는데도 사용한다. (묽게 섞는 비율은 10:2 정도 되어야 한다.) 사이즈는 소형, 중형, 대형사이즈가 있다.

시너는 잘못 도색된 에나멜을 지우거나 모형에 칠해진 에나멜을 벗겨내기 위해 사용한다. 에나멜과 섞어 도색작업을 용이하게 할 때도 사용된다. 이 제품 역시 인화성이 강하므로 화기 근처에서는 절대 사용하지 말아야 한다. 또한 시너 냄새가 매우 강하고 역해서 통풍이 잘되는 곳에서나 환기시설을 갖추고 작업하는 것을 권한다. 일반적으로 도색 작업을 할 때는 방진 마스크를 착용 후 작업하기를 적극 권장한다.

붓

어떻게 보면 쉬운 도색방법일 수 있겠지만 실제로 해보면 꼭 그렇지만도 않는다. 물론 익숙해지기만 하면 비용도 적게 들기에 매력적인 도색 방법이 될 수 있다. 먼저 붓의 선택이 매우 중요하다. 제품의 어떤 부위를 칠하느냐에 따라 인조모 또는 천연모로 제작된 붓을 선택해서 사용해야 한다. 일반적으로는 둥근붓을 많이 사용하며, 일정하고 넓은 면적을 칠할 때는 평붓을, 세밀한 곳을 칠할 때는 세필붓을 많이 사용한다. 따라서 자신에게 맞는 붓을 선택하는 것이 매우 중요하다 할 수 있다.

마커

특정색을 도포하거나 가는 선을 그릴 때 많이 사용한다. 사용이 간편하고 주변이 더러워지지 않는 것이 큰 장점이다. 종류로는 유성마커, 알콜계열 마커, 수성펜 등이 있으며 넓은면 도장용으론 부적합하다. 건프라 작업할 때 특히 많이 쓰인다.

05 도구(도색)

도색을 할 때 쓰이는 도구에는 붓, 마커, 캔스프레이(락카), 에어브러시 등이 있다. 각각의 도구마다 장단점이 있으니 용도에 맞게 사용하면 된다.

스프레이

넓은 면적을 빠르게 색칠하기 좋고, 에어브러시보다 저렴하다는 게 장점이다. 사용 전 충분히 흔든 후 30~40cm 거리를 두고 스프레이를 똑바로 세워 분사한다. 뿌릴 때 제품에 먼저 먼지가 묻으면 잘 털어내고 먼지가 많은 곳에서 스프레이 분사 시 먼지가 같이 섞여서 표면에 뿌려지게 되니 주의해야 한다.

에어브러시

비싸긴 하지만 고르게 뿌려지며 도료의 종류나 색의 상관없이 마음대로 골라 뿌릴 수 있단 점이 장점이다. 처음부터 비싼 것을 구매해서 사용하기보다 저렴한 것부터 사용하여 숙달이 어느 정도 된 후 좋은 것을 사용하는 것을 권한다. 에어브러시는 도료의 양, 분사의 폭 등을 다양하게 조절하면서 도장할 수 있는 것이 특징이다. 도료의 농도에 따라 고른 분사가 가능하다. 참고로 에어브러시를 이용하여 도색할 때에는 농도가 매우 중요하다.

마감재

말 그대로 도색 후에 도색이 벗겨지지 않게 마감하는 제품이다. 열심히 작업했는데 도색이 벗겨지거나 떨어지면 속상하니 꼭 마감재를 사용하길 권한다. 마감재는 유광, 무광, 반광 등이 있으며 취향이나 제품 특성에 맞게 사용하면 된다.

06 마감재(도색)

도색을 다 한 후 뿌리는 것으로 도료 색깔이 안 보이는데다가 스프레이처럼 날린다는 단점이 있다. 건강에도 좀 해로운 편이다. 크게 두 종류로 나뉘는데 슈퍼클리어와 탑코트, 더 크게는 3종류로 슈퍼클리어, 유광/반광/무광, 탑코트/유광/반광/무광으로 나뉜다. 슈퍼클리어는 유성이고 탑코트는 수성이다.
그러므로 주의해서 에나멜로 칠한 모형에는 탑코트를 뿌려줘야 하고, 반대로 파스텔 같은 것으로 웨더링한 모형에는 탑코트를 뿌리면 파스텔이 씻겨 나가니 주의해서 사용해야 한다.

피규어 도색은 몇 가지 방법이 있는데, 일반적으로 다음과 같은 과정으로 진행된다.

1. 제품의 사포질과 세척(중성세제로 물로 씻을 것)

가장 먼저 해야 할 기본 작업이다. 도색이 잘 착색되게 하려면 제품의 표면을 골고루 사포질해야 한다. 사포질을 하기 전에 부위에 따라, 특히 넓은 면적이나 세밀한 부분에 따라 사포의 종류를 선택해야 한다. 사포의 종류만도 굉장히 다양한데 사포 표면의 꺼끌함의 정도에 따라 '방'이라는 명칭으로 또 분류가 되며 보통 60~2000방으로 나뉜다. 방의 숫자가 낮을수록 표면이 거칠고 높을수록 표면이 부드럽다. 그러니 일반적으로 넓은 면에는 거친 사포, 곧 숫자가 낮은 '방' 사포를 사용하며 세밀한 부분은 '방'의 숫자가 큰 사포를 사용한다.

거친 사포로 사포질 한 부분을 다시 부드러운 사포를 사용하여 마무리하는 게 일반적인 사포질 방법이다. 예로 어느 부위를 100방으로 사포질했다면 그다음은 800방 그다음은 2000방 이런 식으로 다듬어 가는 것이 좋다. 사포질이 끝난 후에는 세척을 하는데 이때 중성세제를 물에 풀어 사포질 한 부분을 씻겨낸 후 잘 말리는 것이 좋다. 여기까지 해야 비로소 진정한 도색의 준비가 된 것이라고 할 수 있다.

2. 서페이서 도포

사포질과 세척이 된 제품을 준비한 서페이서로 도포한다.

■ 독특한 느낌으로 도색한 레진제품 그랜다이저

3. 도색

4. 마감제 도포(경우에 따라 생략)

처음에 작업을 시작할 때 에어브러쉬가 아닌 붓도색을 사용한다면 도료는 아크릴을 준비하는 게 좋다. 아크릴 도료는 위에서 언급했듯이 물을 용재로 사용할 수 있고, 냄새가 안 나며, 발색이 좋아서 특히 초보자가 붓도색을 하기에 좋다.

붓은 화방 또는 도료전문점에 가서 직접 보고 고르는 게 좋다. 그리고 가급적 자연모의 사용을 권한다. 인조모는 처음 몇 번 사용하면 붓 끝이 휘어지는 특성이 있어서 다시 사용하기가 어려워진다. 붓 끝이 휘어지면 도색하기가 힘들기 때문에 처음 구입 시 가격이 더 나가더라도 오래 사용하고 편하게 사용할 수 있는 자연모를 추천한다.

■ 도색이 완성된 에네르가 마징가

그 다음 준비할 것은

1. 도료(기본색 : 검정,흰색,빨,노,파, 등등 본인의 제품에 필요한색을 구비한다.)

도색 전에 반드시 필요한 서페이서. 참고로 서페이서 작업을 하지 않고 바로 제품 위에 도색을 하게 되면 착색이 잘 안되고 추후 도색 작업을 하고나서 도색한 부분이 잘 떨어져 나간다. 그러니 도색 전에는 반드시 서페이서 작업을 하자. 필자도 처음에 아무 생각 없이 붓도색으로 바로 작업을 하였더니 도색 후 시간이 지나면서 색이 떨어져 나갔다. 서페이서는 꼭 필요한 작업이다.

■ 필자가 붓도색을 해오다가 어느 정도 감을 익힌 후 에어브러쉬로 처음 도색한 작품. 왼쪽은 도색이 되지 않은 레진클리어 제품이고 오른쪽은 에어브러쉬로 도색한 제품

2. 붓(자연모 1호, 2호, 3호 등이 필요하다.)

3. 그 외 물통, 팔레트 등이 필요하다.

자 한번 도전해보자!
가끔 피규어를 보면서 이걸 이렇게 도색하면 될까, 이 부분은 부서진 것처럼 표현하고 싶은데, 혹은 내부가 보이는 모습으로 개조하면 정말 멋있을 텐데라고 생각한 사람들이 분명 적지 않을 터.

■ 웨더링 도색이 된 마징가

■ 데미지 커스텀 도색이 완성된 마징가

2. 커스텀의 세계

나만의 피규어를 만들다!
커스텀 피규어 알아보기

가지고 있는 피규어를 좀 더 색다르고 독특한 나만의 것으로 만들고 싶다면? 피규어 커스텀에 대해 알아보자!

커스텀은 커스터마이즈(customize)의 줄임말로 피규어를 재도색 또는 변형을 주어 다른 모습으로 재탄생시키는 것을 말한다. 구관이나 12인치 등 관절 피규어를 비롯하여 초합금 또는 레진 등에서도 많이들 커스텀 작업을 한다. 커스텀의 범위는 옷 입히기처럼 다른 옷으로 바꿔주는 것부터, 다른 컬러로 재도색하는 것, 표면을 긁어내거나 마치 부서진 것처럼 표현하는 데미지 커스텀까지 다양하다. 그래서 무궁무진한 재미를 느낄 수 있다. 커스텀에 한 번 빠지면 나중에는 일반 피규어로는 성이 안차게 된다.

■ 내부가 보이도록 도색과 커스텀한 제품

방법은 두 가지가 있는데 기존의 컬러를 벗겨내고 다시 도색하는 방법과 그 위에 덧칠을 하는 방법이 있다. 보통 피규어 재도색 같은 경우에는 수작업인데다가, 도료나 자재값은 별도이기 때문에 전문가에게 맡길 경우, 비용이 꽤 나간다.

그래서 리페인팅 경력이 있거나 손재주가 있는 사람은 직접 하기도 하는데 일반인이라면 도전하기보다는 전문가에게 맡기는 것을 권한다. 비용을 좀 아끼려고 재도색이나 커스텀 작업을 하려다 기존 제품을 아예 망쳐버릴 수 있기 때문이다. 손재주가 약하다면 과감히 전문가에게 맡기자.

■ 모델러가 작업한 커스텀 마징가. 머리만 일반 마징가 피규어에서 따온 후 나머지 아래 부분은 직접 나무를 깎아 만든 제품

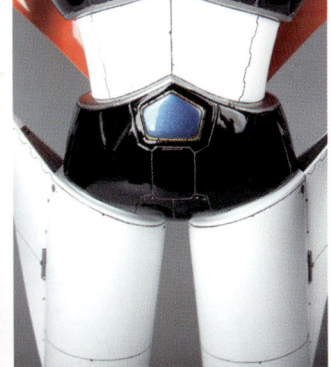

■ 소프비키트를 구입 후 모델러에게 도색을 맡긴 제품. 모델러 이한승님 작품

피규어 도색에 쓰이는 도료로는 대부분 모형용 락카 도료 아니면 에나멜 도료이다. 앞에서도 얘기했지만 도색 전에는 프라이머, 도색 후에는 마감제를 꼭 뿌리는 것을 권한다. 프라이머를 뿌리게 되면 도료가 더 잘 칠해질 뿐더러 마감상태도 좋아지고 착색이 잘 된다. 또한 도색이 끝난 후엔 마감제를 뿌려주어야 힘들게 칠한 제품의 도장이 잘 떨어져 나가지 않게 되니 마감재는 꼭 뿌리는 것을 권한다. 그리고 사포질 할 때는 표면에 물을 묻혀서 갈면 더 매끄럽게 갈아진다고 하니 참고하자.

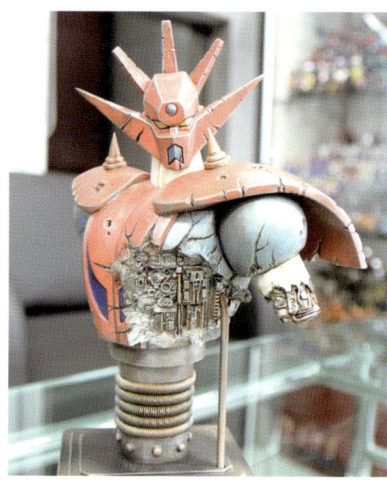

대부분 도색할 때는 색이 균일하게 들어가야 하기 때문에 스프레이나 에어브러쉬를 많이 쓴다. 하지만 좀비나 데미지커스텀 같이 부분적으로 디테일하게 색이 들어갈 경우에는 붓을 사용하는 게 좋다.

피규어 커스텀은 도색만 다시 하는 리페인팅 작업부터 좀비 등과 같이 전혀 다른 컨셉으로 바꾸는 커스텀, 오른쪽 제품처럼 피규어 제품에 데미지를 입은 듯 한 강한 인상을 남겨주는 데미지커스텀 등이 있다.

■ 모델러가 도색한 보스로봇

■ 국내 유명 데미지커스텀 전문 모델러가 작업한 데미지 게타드래곤 레진 커스텀

참고로 오른쪽 제품들은 기존 완성품을 긁어내고 부수고 그 안에 로봇의 내부를 표현한 것처럼 꾸민 커스텀 작업 제품이다. 정말 멋지지 않은가? 마치 위 로봇 마징가Z와 그레이트 마징가가 적들과 싸우고 승리의 함성을 외치는 모습 같다. 이런 맛에 커스텀을 하는 것이다. 남에게는 없는 나만의 제품을 만드는 것. 이것이 바로 커스텀이다.

그럼 몇 가지의 커스텀 제품을 한번 살펴보자.

■ 오른쪽의 멀쩡한 초합금 그레이트 마징가를 왼쪽처럼 데미지 커스텀한 결과물 비교 사진

■ 커스텀 하기 전의 EX합금 진게타

■ EX합금 진게타를 데미지 커스텀한 제품

앞 페이지의 제품은 레진제품에 수작업으로 커스텀한 제품이다. 보통 커스텀 같은 경우에는 섬세한 작업을 필요로 하기 때문에 커스텀 작업을 전문적으로 해주는 모델러에게 요청하는 게 대부분이다. 제작 비용은 크기나 손이 가는 정도에 따라 천차만별이다. 원래 제품가격보다 커스텀비용이 더 들어가는 경우가 비일비재하다.

피규어 커스텀으로는 스파이더맨, 배트맨, 아이언맨 등의 12인치 액션 피규어 제품과 히어로 피규어, 마징가, 건담, 태권브이 등의 초합금이나 레진캐스트 제품들이 주로 제작된다.

■ 소프비 마징가의 비워있는 내부에 레진을 채운 후 재도색을 하고 그 위에 데미지커스텀을 한 제품. 모델러 이동한님 작품

■ 예스애니 태권브이를 데미지 커스텀한 제품

■ 레진 도색 제품 마징카이저스컬

■ 레진도색제품 그랜다이저

■ 도색제품 신 게타라이거

■ 레진 도색 제품 블랙게타

피규어 이야기 | 115

Figure

Kidult Book

이 제품은 스와로브스키를 박은 마징가 제품이다. 작은 사이즈이지만 화려하고 독특한 비주얼로 눈에 띄는 커스텀 제품이다. 완성된 제품을 복제하여 수작업으로 스와로브스키를 하나하나 박았다. 정말 멋있고 아름답고 화려하지 않은가? 한 번쯤은 도전해 볼 만하다.

■ 위에 투명레진을 도색한 더블마징가 제품. 모델러 이한승님의 작품

Kidult Book
Figure

피규어의 천국, 아키하바라 그리고 덴덴타운:
일본에서 피규어 구입시 알아두면 좋은 내용

일본에는 피규어의 성지라고 불릴만한 두 곳이 있다. 바로 도쿄의 아키하바라와 오사카의 덴덴타운이다!!

■ 아키하바라 세계의 라디오회관

아키하바라와 덴덴타운에서
물품을 구매할 때 알아두면 좋을 몇 가지 팁

❶ **같은 종류의 제품이라도 가게마다 가격이 천차만별이다.**

같은 제품이라도 어느 매장에서 사냐에 따라서 가격이 천차만별이다. 그러니 쇼핑시 위치와 제품 가격 등을 메모하면서 확인하거나 사진을 찍어두고 비교하는 것이 좋다. 간혹 일부 샵에서는 사진 촬영이 금지된다는 것도 알아두자.

■ 아키하바라 정글

❷ **상자 없이 비닐에 포장되어 있는 것은 중고이다?**

아무래도 제품박스를 중요하게 생각할 수밖에 없다. 정품인데 싸다 싶으면 거의 중고이며 박스가 없을 확률이 높다. 하지만 상태만 괜찮으면 중고를 구매하는 것도 저렴하게 제품을 구매할 수 있는 좋은 방법이다. 참고로 일본 내 피규어 샵들을 보면 중고이지만 중고라고 할 수 없을 만큼 새 제품들이 꽤 많다. 무슨

말이냐 하면 겉박스만 개봉한 것이고 내부 비닐은 개봉하지 않은 미사용 제품이라는 것. 그래서 중고이지만 박스 겉에 작은 스티커에 한자로 내부 미개봉이라고 써 있는 제품은 새 것이라고 봐도 무관하다. 그러니 이 방법도 새 상품을 저렴하게 구매할 수 있는 유용한 팁이 될 수 있다. 자세한 것은 바로 뒤에 다시 한 번 언급하도록 하겠다.

❸ **상자가 있더라도 가격표 옆에 자세히 보면 중고라고 적혀있는 물건들이 상당히 많다.**

자, 여기서 약간 주의를 해야 한다. 상자가 있어도 제품을 자세히 보면 옆쪽에 살짝쿵 중고라고 적혀있는 물건들이 굉장히 많다! 박스가 있는 제품은 새 것이라고 생각하며 저렴하다고 급하게 막 구매하다가는 어느 순간 중고품 글씨를 발견하고 후회할 수 있다.

■ 아키하바라 보크스

일본 내에서 중고 제품은 크게 세 가지 형태로 나눌 수 있다.

❶ 겉박스는 개봉했지만 내부 비닐은 개봉하지 않은 내부 미개봉제품.
❷ 박스와 내부 비닐을 모두 개봉한 중고제품.
❸ 중고 제품이면서 파손 되거나 도색이 까지거나 기스 등의 하자 및 파츠가 누락된 결품.

■ 오사카 덴덴타운 정글

이렇게 세 가지로 나눌 수 있다. 이 점 꼭 참고하시고 구매를 결정하시길 바란다.

■ 덴덴타운 내에 있는 피규어샵 내부

■ 덴덴타운 내에 있는 피규어샵 외부

■ 덴덴타운 내에 있는 키즈랜드 외부

덴덴타운에는 특히 중고매장의 비율이 꽤 높다.

아키하바라와 마찬가지로 중고시장이 크게 활성화되어 있다. 그래서 상태가 좋은 중고제품이나 구하기 어려운 제품들도 어렵지 않게 찾을 수 있다. 하지만 새 제품과 중고 제품을 구분 못해서 쇼핑 실패하시는 분들은 없길 바란다.

Kidult Book
Figure

이야기를 마치며

어느덧 30대를 넘어 이제 40대 후반의 나이, 세월이 하루가 빠르게 지나감을 느끼는 요즘 그래도 마음 깊은 곳에 동심의 마음이 살아있고, 어릴 적 보고 자라왔던 만화영화 특히 로봇만화에 푹 빠져 보낸 너무나 행복했던 어린 시절을 잊을 수가 없었다.

당시 가격 100원짜리 프라모델 마징가Z, 태권v만 있으면 행복했던 그 시절 그리고 같이 뛰어놀던 친구들이 생각난다. 시간이 지나 세월이 흘러 고등학생, 대학생, 군대, 취업의 문을 통과해 30대가 돼서는 결혼과 일에 정말 너무나 바쁘게 숨 쉴 틈도 없이 지나간 것 같다. 그러던 어느 날 불혹의 40대 중반이 되었을 때 용산의 어느 건담 매장에서 건프라를 보게 되고 그 멋진 모습에 아무 생각 없이 구입해서 조립을 하고 또 어느 날은 우연히 그곳에 전시되어있는, 잊고 지냈던 내 어릴 적 우상인 마징가Z 초합금 피규어가 눈에 들어와 그걸 사고 집으로 돌아온 날 내 머릿속에는 오랜 시간 잊었던 어릴 적 기억들이 떠올랐다. 그때 그 마징가 피규어를 만지면서 행복했던 순간들을 지금도 잊을 수가 없다. 그렇게 피규어 모으는 취미를 가지게 되고 하나 둘씩 모으면서 너무나 행복했고 지금도 행복하다. 그래서 더욱 나와 같은 분들, 나처럼 어릴 적 로봇을 가지고 놀았던 기억을 지닌 분들, 그 기억을 찾고 싶은 분들 ,이제 막 피규어에 대해 관심을 가지시는 수많은 분들을 위해 그 어린 시절의 행복했던 기억과 즐거움을 드리고 싶어서 이렇게 용기를 내서 책을 쓰게 된 것 같다. 거기에 이젠 책 쓰는 것도 부족해 이 취미가 너무나 좋은 나머지 2015년 11월에 〈구해바〉라는 키덜트 전문 오픈마켓 사업을 시작 하게 되었다. 오래 된 또는 구하기 힘든 피규어들을 구하기 위해 이리저리 헤매고 돌아다녔던 것이 힘들었었기에 누구나 쉽게 판매하고, 살 수 있고, 믿을 수 있는 곳을 만들어야 하겠다는 생각이 오랜 시간 나를 짓눌러왔다. 어릴 때의 좋은 추억이 취미로 시작하여 책을 쓰게 되고 사업까지 하게 됐으니 감개가 무량한 것 같다. 좋아하는 일을 한다는 것은 참 행복한 것이라는 생각이 든다. 이 책을 쓰는 기간 동안에도 얼마나 행복했는지 모른다. 책을 쓰기 위해 부족한 정보를 찾고 지인에게 물어보고 힘들었지만 너무나 즐겁고 행복한 시간이었던 것 같다 그래서 더욱 이렇게 책을 낼 수 있게 많은 도움주시고, 애초에 얘기했던 기간에서 원고마감시간이 많이 지났는데도 오히려 격려해주시고 기다려주신 구민사 출판사 대표님과 관계자 분들께 다시 한 번 진심으로 감사드린다.

끝으로

"지금까지 긴 글을 읽어주셔서 감사드립니다.

비록 글재주는 없지만 동심의 마음을 가진 어른들과 이제 막 피규어에 관심이 많은 분들을 위해 작은 가이드북을 만들어보고 싶었습니다. 더 많은 내용을 다루고 싶었고 더 많은 사진을 보여드리고 싶었고 피규어에 얽힌 더 많은 이야기도 쓰고 싶었지만 너무 긴 내용은 지루함을 드릴 것 같았고 아직은 피규어에 대한 전문적인 견해도 넓지 않아 간략하게 다루었습니다. 글을 읽는 동안만큼은 동심의 세계로 돌아가게 해드리고 싶었습니다. 어떤 분에게는 알차고 어떤 분에게는 부족한 내용일 것이라 생각합니다. 그래도 이렇게 책을 구입해주시고 읽어주셔서 정말 감사드립니다. 이 책에 관심을 가져주신. 동심의 마음을 가진 구독자님들께 다시 한 번 진심으로 감사드립니다."

키덜트오픈마켓 구해바 대표 박재홍